FABLES DE FLORIAN
interprétées
PAR CHAM

PUBLIÉ PAR GUSTAVE **HAVARD** 15 Rue Guénégaud

20 CENTIMES LA LIVRAISON

NOTICE SUR FLORIAN.

Un homme dont le nom nous échappe en ce moment a dit avec beaucoup plus d'esprit que de justice : « Tous ceux qui ont voulu faire des fables après la Fontaine étaient des bêtes que la Fontaine lui-même n'aurait pu faire parler. » La sentence est sévère, quelque peu brutale, voire même exclusive, mais les Muses, Apollon lui-même, ont plus de politesse et de savoir-vivre : ils admettent des degrés dans cet art si difficile de rimer, dans cette difficulté vaincue où l'opiniâtre travail rend inaperçu le travail le plus opiniâtre. Or, si l'on ne peut pas dire que sur le Parnasse le soleil luit pour tout le monde, qu'il y a place pour chacun, on peut dire que tout poëte qui a reçu du ciel quelque étincelle du feu secret peut espérer y voir inscrire son nom, mais à la place marquée par le dieu dont l'arrêt, par exemple, est inflexible. Là, on ne peut en rappeler! C'est sans inconvénient, l'équité y règne, et, au rebours d'ici-bas, la justice y est toujours juste. Admirons, car, comme l'a dit un célèbre comédien : « C'est une bien belle chose que la justice... quand elle est juste. »

Eh bien! cher Florian, votre ombre doit se raviver à notre préambule. Oui, rassurez-vous, ami, vous n'êtes point oublié parmi nous ; un espace immense vous sépare de la Fontaine ; mais que d'autres, bon Dieu ! en sont si loin, que, même avec une longue-vue, on ne peut les apercevoir. C'est consolant, n'est-ce pas? Oui, oui, répondez-vous, et c'est franchise dans votre bouche, car, quoique vous ayez porté l'épaulette de dragon, vous êtes né simple et modeste, tendre et doux, et c'est sans doute dans la crainte d'effrayer vos moutons et plus encore vos bergères, que dans vos bergeries, je veux dire votre *Galatée* et votre *Estelle et Némorin*, vous n'avez point introduit de loups. C'est très-bien, vous vous êtes étudié, mesuré, jaugé, et c'est un exemple que, pour la rareté du fait, nous nous complaisons à citer. Vous n'avez pas tenté de vous élever au ciel, parce que vous vous êtes dit : Plus on tombe de haut et plus on se fait de mal, plus on risque de se briser. On le voit, la Fontaine vous a conseillé dans une journée de recueillement. Et vous vous êtes souvent répété :

> Ne forçons point notre talent,
> Nous ne ferions rien avec grâce.

Votre ligne tracée, vous n'en avez point dévié, et ç'a été sage à vous ; la postérité vous en tient compte, et rien de ce que vous avez écrit n'est absolument oublié. Votre ombre en tressaillera de joie et nous dit en feuilletant une Henriade :

> Tel brille au second rang qui s'éclipse au premier.

Né au milieu du dix-huitième siècle (le 6 mars 1755), dans les basses Cévennes, époque où Voltaire et Rousseau renouvelaient la peau du genre humain qu'avaient tissée l'ignorance et les préjugés rongeurs pendant une longue suite de siècles, heureux Florian, vous avez été accueilli, tout jeune encore, par l'astre de Ferney avec cette grâce qui le distinguait tant quand il oubliait les Nonotte et les Fréron, qui saignent encore des coups de fouet qu'il leur a administrés. Votre position auprès du dieu d'alors était on ne peut plus favorable : votre oncle paternel avait épousé une nièce du grand homme. Aussi il vous reçut dans son Ferney avec une bonté touchante, et vous aviez le double et rare avantage de lire ses écrits et de causer avec leur père. Il serait fort embarrassant de dire ce qui vous a le plus charmé ; mais que de fois, après avoir lu *OEdipe*, avez-vous dû vous écrier :

> L'amitié d'un grand homme est un bienfait des dieux.

Ce séjour vous a donné, sans nul doute, toute l'émulation que l'on pouvait y puiser, mais ne vous a pas fait dévier de vos idées ; vous aviez compris déjà que vous n'étiez point fait pour chausser le cothurne. Vous aimiez mieux songer à vos petites comédies et surtout à refaire cet arlequin de la comédie italienne, qui n'était qu'un faiseur de quolibets, et qui, sous votre plume, est devenu un personnage intéressant, un type qui a posé devant tous ceux qui, après vous, ont fait ce qu'on appelle au théâtre des arlequinades. Ce personnage, dans vos mains, est tendre et fin à la fois, et c'est ce qui produit la grâce. Votre plaisir, cher Florian, on nous l'assure, était de jouer ce rôle en société ; on ajoute que vous y excelliez, et cela sans efforts, sans étude, et que la raison en est simple : c'est que vous vous étiez peint sous ce caractère. C'est chez le comte d'Argental, ce constant ami de Voltaire, dont vous étiez, ainsi que nous venons de le dire, l'heureux protégé.

Votre bagage, ami Florian, ne se borne pas à ce que nous avons cité ; vous avez fait encore des nouvelles charmantes. Il y règne une rare variété de talents : la partie dramatique y soutient l'intérêt. Elles renferment presque toutes une idée morale très-heureusement développée ; la philosophie en est douce, gracieuse, délicate. Le théâtre s'est emparé de plusieurs avec succès.

Qu'allons-nous vous dire de votre *Numa Pompilius*? Vous pincez les lèvres et vous dites en dedans : Je n'ai pas voulu jouter avec Fénelon et refaire son *Télémaque*, je l'atteste en mon âme et conscience. Si j'ai fait ce livre, c'est que j'ai pensé que l'on ne le comparerait jamais avec le chef-d'œuvre de Fénelon, et pourtant cela est arrivé. Je me suis trompé. C'est vrai ; mais consolez-vous, ami, l'abbé Terrasson, en faisant *Séthos*, s'est bien autrement trompé que vous, nous en exceptons pourtant le portrait de la reine de Chypre, que Fénelon lui-même n'eût pas désavoué.

Et *Gonzalve de Cordoue*, où l'histoire et l'invention ont une part égale, ce qui annonce peut-être que vous avez voulu faire une épopée en prose, est-il une œuvre bien importante et qui contribue à votre gloire? Nous répondrons, avec une franchise littéraire qui ne peut vous blesser, qu'il serait fâcheux que vous l'eussiez faite que ce livre-là. Mais voyez un peu si tout ne s'arrange pas pour le mieux ! Vous avez joint à votre livre un précis historique sur les Maures qui est peut-être ce que l'on a écrit de mieux sur cette matière, et dont un célèbre critique, la Harpe, a fait un éloge sans restriction. « Ce seul morceau, dit-il, suffirait pour faire désirer l'acquisition de l'ouvrage de M. de Florian à ceux qui lisent pour s'instruire, et qui veulent trouver le plaisir avec l'instruction. »

Votre mère, bon Florian, était une Castillane. Si votre sang, à vous, n'avait pas la vigueur du sang espagnol, votre esprit n'en avait pas moins d'amour pour la langue de Cervantes, que vous connaissiez très-bien. Aussi avez-vous traduit... pardon, nous voulions dire imité *Don Quichotte*, que vous avez, diraient des méchants, réduit aux proportions de vos facultés. Vous aviez, vous le savez, l'habitude de mesurer vos forces à la course que vous aviez à faire. Vous l'avez trouvée trop longue et l'avez réduite, vous avez bien fait ; peut-être aurait-on le droit de vous dire qu'il eût mieux valu ne pas la faire du tout.

Avez-vous bien réfléchi à ce que vous avez fait de *Don Quichotte*? N'avez-vous pas craint les reproches? Il serait possible que si, car l'œuvre n'a paru qu'après votre disparition de ce monde. (Florian est mort à Sceaux, le 13 septembre 1794.) Écoutez, nous allons vous faire savoir ce qu'on en a dit et ce qu'on en dit encore. Le héros de la Manche a une physionomie presque française, et le chevalier à la grande lance, aux combats périlleux, le défenseur intrépide de toutes les Dulcinées des Espagnes, est presque, ô miracle ! devenu sage ; et ce Sancho Pança, ce digne écuyer d'un si digne maître, et cette Mariforne, Dulcinée de la grosse espèce, si digne d'un tel écuyer, ont perdu plus encore sous votre plume, ami Florian, que leur maître. D'où l'on conclut que vous avez étranglé *Don Quichotte*. Oh ! le reproche est sanglant et dur, n'est-ce pas? Pour vous consoler, je n'ai qu'une seule chose à vous dire, c'est que la Place a fait comme vous : il a étranglé le chef-d'œuvre de Fielding, *Tom Jones* ; il est vrai que le mal de l'un ne guérit pas celui de l'autre. Mais consolez-vous encore : on est moins malheureux quand on ne l'est pas tout seul.

Nous avons, le croyons, donné une idée juste du caractère et de l'étendue d'esprit de Florian. Eh bien ! tout se touche, tout est indissolublement lié dans ce monde, la nature et l'homme qui en est la plante mobile, voyageuse, l'animal plus souvent raisonnant que raisonnable. La nation française brisait avec violence les chaînes avec lesquelles d'odieux tyrans l'avaient garrottée. Des gens en furent surpris, ne comprenant pas que ce dont on devait être surpris, c'était de la patience du genre humain. Florian était noble et né dans un château, Le mal n'est pas là : Dieu veut le bien, le bonheur pour tous et pour ceux qui sont en haut et pour ceux qui sont en bas.

La morale divine brise les distinctions, et ne voit que l'humanité. En présence de Dieu, les titres, les dignités, les fortunes, tout, en un mot, tombe, et l'homme seul reste. Cette philosophie, qui pourtant est celle des grands penseurs du siècle de Florian, n'était pas la sienne. C'est que cette philosophie, encore en théorie alors, n'était pas, comme aujourd'hui, sur le point d'arriver à l'état complet de réalisation. Le fameux décret de 1793, qui bannissait tous les nobles de Paris, venait d'être rendu. Il jeta l'épouvante et le trouble dans l'esprit, si calme, si pacifique, de l'auteur de *Galatée*, d'*Estelle* et *Némorin*. C'est qu'en effet les révolutions ont d'un effet toujours grand sur les hommes, soit qu'elles les démoralisent, les tuent moralement parlant ; soit qu'elles les élèvent au-dessus d'eux-mêmes de rien qu'ils étaient. Il se retira à Sceaux, et c'est de cet endroit qu'il fut amené dans la prison de Port-Libre, transformée depuis en hôpital ou maison d'accouchement. C'est dans cette captivité que le pauvre prisonnier composa, sous un acacia qui existe encore dans la cour principale, et que j'ai vu, la majeure partie de *Guillaume Tell*, œuvre sans vigueur, et qui atteste que les facultés intellectuelles de Florian avaient été affaiblies par ces grands événements qui ruent les opprimés sur les oppresseurs, et décident des destinées et du salut du monde. Au 9 thermidor il recouvra sa liberté, et retourna à Sceaux, mais il n'y avait plus de l'ombre, que l'enveloppe de l'homme.

Il fit encore *Eliézer et Nephtali*, poëme imprimé pour la première fois en 1803. C'est son dernier ouvrage.

Ainsi finit presque à la fleur de l'âge, à l'âge où l'on sent le plus fortement la vie, un homme aimable et gracieux, d'un esprit peu vigoureux, il est vrai, puisant ses inspirations plutôt dans une nature factice qui nous laisse froids, stériles, décolorés, que dans une nature vraie, belle et grande, qui nous élève et donne à notre âme, à notre cœur, une faculté et des ressorts dont nous sommes étonnés nous-mêmes. Ces âmes-là ne sont pas l'œuvre de Dieu, qui fait tout grand : elles sont l'œuvre de la société, qui le plus souvent rapetisse et atrophie l'humanité.

Pauvre Florian ! que ton ombre se console : tu n'es pas la Fontaine, mais tu es de sa famille, tu es un de ses enfants. Il ne te renie pas. Tes fables sont ton plus beau titre de gloire. Un grand nombre d'entre elles sont charmantes, et à la tête de celles-là nous placerons la *Lanterne magique*, fable à laquelle le bonhomme sourit du fond de sa tombe. Cela vaut mieux qu'un éloge académique en un jour de séance d'apparat, et toi qui fus de l'Académie, si tu pouvais revenir parmi nous, tu nous dirais tout bas à l'oreille : « Ma foi, c'est vrai ; et, enveloppé de votre dernier mot, je me rendrais heureux et content. »

A. D'ALMANÈS.

FABLES DE FLORIAN

LIVRE PREMIER.

I. — LA FABLE ET LA VÉRITÉ

La Vérité toute nue
Sortit un jour de son puits.
Ses attraits par le temps étaient un peu détruits :
Jeunes et vieux fuyaient sa vue.
La pauvre Vérité restait là morfondue,
Sans trouver un asile où pouvoir habiter
A ses yeux vient se présenter
La Fable richement vêtue,
Portant plumes et diamants,
La plupart faux, mais très-brillants.
Eh ! vous voilà, bonjour, dit-elle :
Que faites-vous ici seule sur un chemin ?
La Vérité répond : Vous le voyez, je gèle ;
Aux passants je demande en vain
De me donner une retraite,
Je leur fais peur à tous. Hélas! je le vois bien,
Vieille femme n'obtient plus rien.
Vous êtes pourtant ma cadette,
Dit la Fable, et sans vanité
Partout je suis fort bien reçue.
Mais aussi, dame Vérité,
Pourquoi vous montrer toute nue ?
Cela n'est pas adroit. Tenez, arrangeons-nous ;
Qu'un même intérêt nous rassemble :
Venez sous mon manteau ; nous marcherons ensemble.
Chez le sage, à cause de vous,
Je ne serai point rebutée ;
A cause de moi chez les fous
Vous ne serez point maltraitée.
Servant par ce moyen chacun selon son goût,
Grâce à votre raison et grâce à ma folie,
Vous verrez, ma sœur, que partout
Nous passerons de compagnie.

II. — LE BOEUF, LE CHEVAL, ET L'ANE.

Un bœuf, un baudet, un cheval,
Se disputaient la préséance.
Un baudet ! direz-vous, tant d'orgueil lui sied mal,
A qui l'orgueil sied-il ? et qui de nous ne pense
Valoir ceux que le rang, les talents, la naissance
Elèvent au-dessus de nous ?
Le bœuf, d'un ton modeste et doux,
Alléguait ses nombreux services,
Sa force, sa docilité.
Le coursier sa valeur, ses nobles exercices,
Et l'âne son utilité.
Prenons, dit le cheval, les hommes pour arbitres ;
En voici venir trois ; exposons-leur nos titres.
Si deux sont d'un avis, le procès est jugé.
Les trois hommes venus, notre bœuf est chargé
D'être le rapporteur ; il explique l'affaire,
Et demande le jugement.
Un des juges choisis, maquignon bas-normand,
Crie aussitôt : La chose est claire,
Le cheval a gagné. Non pas, mon cher confrère,
Dit le second jugeur (c'était un gros meunier) ;
L'âne doit marcher le premier :
Tout autre avis serait d'une injustice extrême.
Oh ! que nenni ! dit le troisième,
Fermier de sa paroisse et riche laboureur,
Au bœuf appartient cet honneur.
Quoi ! reprend le coursier écumant de colère,
Votre avis n'est dicté que par votre intérêt ?
Eh ! mais, dit le Normand, par quoi donc s'il vous plaît ?
N'est-ce pas le code ordinaire ?

III. — LE ROI ET LES DEUX BERGERS.

Certain monarque un jour déplorait sa misère,
Et se lamentait d'être roi :
Quel pénible métier ! disait-il ; sur la terre
Est-il un seul mortel contredit comme moi ?
Je voudrais vivre en paix, on me force à la guerre ;
Je chéris mes sujets, et je mets des impôts ;
J'aime la vérité, l'on me trompe sans cesse :
Mon peuple est accablé de maux,
Je suis consumé de tristesse :
Partout je cherche des avis,
Je prends tous les moyens, inutile est ma peine ;
Plus j'en fais, moins je réussis.
Notre monarque alors aperçoit dans la plaine
Un troupeau de moutons maigres, de près tondus,
Des brebis sans agneaux, des agneaux sans leurs mères,
Dispersés, bêlants, éperdus,
Et des béliers sans force errant dans les bruyères.
Leur conducteur Guillot allait, venait, courait,
Tantôt à ce mouton qui gagne la forêt,
Tantôt à cet agneau qui demeure derrière,
Puis à sa brebis la plus chère ;
Et, tandis qu'il est d'un côté,
Un loup prend un mouton qu'il emporte bien vite :
Le berger court, l'agneau qu'il quitte
Par une louve est emporté.
Guillot tout haletant s'arrête,
S'arrache les cheveux, ne sait plus où courir,
Et, de son poing frappant sa tête,
Il demande au ciel de mourir,
Voilà bien ma fidèle image !
S'écria le monarque ; et les pauvres bergers,
Comme nous autres rois, entourés de dangers,
N'ont pas un plus doux esclavage :
Cela console un peu. Comme il disait ces mots,
Il découvre en un pré le plus beau des troupeaux :
Des moutons gras, nombreux, pouvant marcher à peine,
Tant leur riche toison les gêne,
Des béliers grands et fiers, tous en ordre paissants,
Des brebis fléchissant sous le poids de la laine,
Et de qui la mamelle pleine
Fait accourir de loin les agneaux bondissants.
Leur berger, mollement étendu sous un hêtre,
Faisant des vers pour son Iris,
Les chantait doucement aux échos attendris,
Et puis répétait l'air sur son hautbois champêtre.
Le roi tout étonné disait : Ce beau troupeau
Sera bientôt détruit ; les loups ne craignent guère
Les pasteurs amoureux qui chantent leur bergère ;
On les écarte mal avec un chalumeau.
Ah ! comme je rirais !... Dans l'instant le loup passe
Comme pour lui faire plaisir ;
Mais à peine il paraît que, prompt à le saisir,
Un chien s'élance et le terrasse.
Au bruit qu'ils font en combattant
Deux moutons effrayés s'écartent dans la plaine :
Un autre chien part, les ramène,
Et pour rétablir l'ordre il suffit d'un instant.
Le berger voyait tout couché dessus l'herbette,
Et ne quittait pas sa musette.
Alors le roi presque en courroux
Lui dit : Comment fais-tu ? Les bois sont pleins de loups,

Tes moutons gras et beaux sont au nombre de mille,
Et, sans en être moins tranquille,
Dans cet heureux état toi seul tu les maintiens!
Sire, dit le berger, la chose est fort facile ;
Tout mon secret consiste à choisir de bons chiens.

IV. — LES DEUX VOYAGEURS.

Le compère Thomas et son ami Lubin
Allaient à pied tous deux à la ville prochaine.
   Thomas trouve sur son chemin
   Une bourse de louis pleine :
Il l'empoche aussitôt. Lubin d'un air content
Lui dit : Pour nous la bonne aubaine !
   Non, répond Thomas froidement,
Pour nous n'est pas bien dit ; *pour moi* c'est différent.
Lubin ne souffle plus ; mais en quittant la plaine
Ils trouvent des voleurs cachés au bois voisin.

Thomas tremblant, et non sans cause,
Dit : Nous sommes perdus! Non, lui répond Lubin,
Nous n'est pas le vrai mot ; mais *toi* c'est autre chose.
Cela dit, il s'échappe à travers les taillis.
Immobile de peur, Thomas est bientôt pris :
   Il tire la bourse et la donne.

Qui ne songe qu'à soi quand sa fortune est bonne
   Dans le malheur n'a point d'amis.

V. — LES SERINS ET LE CHARDONNERET.

Un amateur d'oiseaux avait, en grand secret,
   Parmi les œufs d'une serine
   Glissé l'œuf d'un chardonneret.
La mère des serins, bien plus tendre que fine
   Ne s'en aperçut point, et couva comme sien
   Cet œuf qui dans peu vint à bien.

Le petit étranger, sorti de sa coquille,
Des deux époux trompés reçoit les tendres soins
   Par eux traité ni plus ni moins
   Que s'il était de la famille.
Couché dans le duvet il dort le long du jour
A côté des serins, dont-il se croit le frère,
   Reçoit la becquée à son tour,
Et repose la nuit sous l'aile de la mère.
Chaque oisillon grandit, et, devenant oiseau,
   D'un brillant plumage s'habille :
Le chardonneret seul ne devient point jonquille,
Et ne s'en croit pas moins des serins le plus beau.
   Ses frères pensent tout de même :
Douce erreur qui toujours fait voir l'objet qu'on aime
   Ressemblant à nous trait pour trait !
Jaloux de son bonheur, un vieux chardonneret
Vient lui dire : Il est temps enfin de vous connaître :
Ceux pour qui vous avez de si doux sentiments
   Ne sont point du tout vos parents ;
C'est d'un chardonneret que le sort vous fit naître.
Vous ne fûtes jamais serin : regardez-vous,
Vous avez le corps fauve et la tête écarlate,
Le bec... Oui, dit l'oiseau, j'ai ce qu'il vous plaira :
   Mais je n'ai point une âme ingrate,
   Et mon cœur toujours chérira
   Ceux qui soignèrent mon enfance.
Si mon plumage au leur ne ressemble pas bien,
J'en suis fâché ; mais leur cœur et le mien
   Ont une grande ressemblance.
Vous prétendez prouver que je ne leur suis rien
   Leurs soins me prouvent le contraire :
   Rien n'est vrai comme ce qu'on sent.
   Pour un oiseau reconnaissant
   Un bienfaiteur est plus qu'un père.

VI. — LE CHAT ET LE MIROIR.

Philosophes hardis, qui passez votre vie
A vouloir expliquer ce qu'on n'explique pas,
   Daignez écouter, je vous prie,
   Ce trait du plus sage des chats.

   Sur une table de toilette
   Ce chat aperçut un miroir ;
Il y saute, regarde, et d'abord pense voir
   Un de ses frères qui le guette.
Notre chat veut le joindre, il se trouve arrêté.
Surpris, il juge alors la glace transparente,
   Et passe de l'autre côté,
Ne trouve rien, revient, et le chat se présente.
Il réfléchit un peu : de peur que l'animal,
   Tandis qu'il fait le tour, ne sorte,
Sur le haut du miroir il se met à cheval,
Une patte par-ci, l'autre par là ; de sorte
   Qu'il puisse partout le saisir.
   Alors, croyant bien le tenir,
Doucement vers la glace il incline sa tête,
Aperçoit une oreille, et puis deux... A l'instant,
   A droite, à gauche, il va jetant
   Sa griffe qu'il tient toute prête :
Mais il perd l'équilibre, il tombe et n'a rien pris.
Alors, sans davantage attendre
Sans chercher plus longtemps ce qu'il ne peut comprendre,
Il laisse le miroir et retourne aux souris :
Que m'importe, dit-il, de percer ce mystère ?
   Une chose que notre esprit,
Après un long travail, n'entend ni ne saisit,
   Ne nous est jamais nécessaire.

VII. — LA CARPE ET LES CARPILLONS.

Prenez garde, mes fils, côtoyez moins le bord,
   Suivez le fond de la rivière ;
   Craignez la ligne meurtrière,
   Ou l'épervier, plus dangereux encor.
C'est ainsi que parlait une carpe de Seine
A de jeunes poissons qui l'écoutaient à peine.
C'était au mois d'avril : les neiges, les glaçons,
Fondus par les zéphyrs descendaient des montagnes ;
Le fleuve enflé par eux s'élève à gros bouillons,
   Et déborde dans les campagnes.

Ah! ah! criaient les carpillons,
Qu'en dis-tu, carpe radoteuse?
Crains-tu pour nous les hameçons?
Nous voilà citoyens de la mer orageuse:
Regarde, on ne voit plus que les eaux et le ciel,
Les arbres sont cachés sous l'onde,
Nous sommes les maîtres du monde;
C'est le déluge universel.
Ne croyez pas cela, répond la vieille mère;
Pour que l'eau se retire il ne faut qu'un instant:
Ne vous éloignez point, et, de peur d'accident,
Suivez, suivez toujours le fond de la rivière.
Bah! disent les poissons, tu répètes toujours
   Mêmes discours.
Adieu, nous allons voir notre nouveau domaine.
 Parlant ainsi, nos étourdis
Sortent tous du lit de la Seine,
Et s'en vont dans les eaux qui couvrent le pays.
Qu'arriva-t-il? Les eaux se retirèrent,
Et les carpillons demeurèrent;
  Bientôt ils furent pris
  Et frits.

 Pourquoi quittaient-ils la rivière?
 Pourquoi? Je le sais trop, hélas!
C'est qu'on se croit toujours plus sage que sa mère,
 C'est qu'on veut sortir de sa sphère,
 C'est que... c'est que... Je ne finirais pas.

VIII. — LE CALIFE.

Autrefois dans Bagdad le calife Almamon
Fit bâtir un palais plus beau, plus magnifique
Que ne le fut jamais celui de Salomon.
Cent colonnes d'albâtre en formaient le portique:
L'or, le jaspe, l'azur décoraient le parvis;
Dans les appartements embellis de sculpture
Sous des lambris de cèdre on voyait réunis
Et les trésors du luxe et ceux de la nature,
Les fleurs, les diamants, les parfums, la verdure,
Les myrtes odorants, les chefs-d'œuvre de l'art,
  Et les fontaines jaillissantes
  Roulant leurs ondes bondissantes
  A côté des lits de brocart.
Près de ce beau palais, juste devant l'entrée,
Une étroite chaumière, antique et délabrée,
D'un pauvre tisserand était l'humble réduit.
  Là, content du petit produit
D'un grand travail, sans dette et sans soucis pénibles,
 Le bon vieillard, libre, oublié,
 Coulait des jours doux et paisibles,
 Point envieux, point envié.
 J'ai déjà dit que sa retraite
Masquait le devant du palais.
 Le vizir veut d'abord, sans forme de procès,
Qu'on abatte la maisonnette,
Mais le calife veut que d'abord on l'achète.
Il fallut obéir: on va chez l'ouvrier,
On lui porte de l'or: Non, gardez votre somme
Répond doucement le pauvre homme;
Je n'ai besoin de rien avec mon atelier;
Et quant à ma maison je ne puis m'en défaire;
C'est là que je suis né, c'est là qu'est mort mon père;
Je prétends y mourir aussi.
Le calife, s'il veut, peut me chasser d'ici,
Il peut détruire ma chaumière;
 Mais, s'il le fait, il me verra
Venir chaque matin sur la dernière pierre
M'asseoir et pleurer ma misère.
Je connais Almamon, son cœur en gémira.
Cet insolent discours excita la colère
Du vizir, qui voulait punir ce téméraire
Et sur-le-champ raser sa chétive maison.
 Mais le calife lui dit: Non;
J'ordonne qu'à mes frais elle soit réparée;
 Ma gloire tient à sa durée:
Je veux que nos neveux en la considérant
Y trouvent de mon règne un monument auguste;
En voyant le palais ils diront: Il fut grand,
En voyant la chaumière ils diront: Il fut juste.

IX. — LA MORT.

La Mort, reine du monde, assembla, certain jour,
  Dans les enfers toute sa cour.
Elle voulait choisir un bon premier ministre
Qui rendît ses Etats encor plus florissants.
  Pour remplir cet emploi sinistre
Du fond du noir Tartare avancent à pas lents
 La Fièvre, la Goutte et la Guerre.
  C'étaient trois sujets excellents;
  Tout l'enfer et toute la terre
  Rendaient justice à leurs talents.
La Mort leur fit accueil. La Peste vint ensuite.
On ne pouvait nier qu'elle n'eût du mérite;
  Nul n'osait lui rien disputer;
Lorsque d'un médecin arriva la visite,
Et l'on ne sut alors qui devait l'emporter;
  La Mort même était en balance:
  Mais les Vices étant venus,
 Dès ce moment la Mort n'hésita plus:
  Elle choisit l'Intempérance.

X. — LES DEUX JARDINIERS.

Deux frères jardiniers avaient par héritage
Un jardin dont chacun cultivait la moitié:
  Liés d'une étroite amitié,
  Ensemble ils faisaient leur ménage.
L'un d'eux, appelé Jean, bel esprit, beau parleur
  Se croyait un très-grand docteur;
Et monsieur Jean passait sa vie
A lire l'almanach, à regarder le temps
  Et la girouette et les vents.
Bientôt, donnant l'essor à son rare génie,
Il voulut découvrir comment d'un pois tout seul
Des milliers de pois peuvent sortir si vite;
  Pourquoi la graine du tilleul,
Qui produit un grand arbre, est pourtant plus petite
Que la fève, qui meurt à deux pieds du terrain;
  Enfin par quel secret mystère
Cette fève, qu'on sème au hasard sur la terre,
 Sait se retourner dans son sein,
Place en bas sa racine et pousse en haut sa tige.
Tandis qu'il rêve et qu'il s'afflige
De ne point pénétrer ces importants secrets,
Il n'arrose point son marais:
  Ses épinards et sa laitue
Sèchent sur pied: le vent du nord lui tue
  Ses figuiers, qu'il ne couvre pas.
Point de fruits au marché, point d'argent dans la bourse
Et le pauvre docteur, avec ses almanachs,
N'a que son frère pour ressource.
Celui-ci dès le grand matin
Travaillait en chantant quelque joyeux refrain,
Bêchait, arrosait tout, du pêcher à l'oseille.
Sur ce qu'il ignorait sans vouloir discourir.
Il semait honnement pour pouvoir recueillir.
Aussi dans son terrain tout venait à merveille:
Il avait des écus, des fruits et du plaisir.
 Ce fut lui qui nourrit son frère;
 Et quand monsieur Jean tout surpris
S'en vint lui demander comment il savait faire:
Mon ami, lui dit-il, voilà tout le mystère
 Je travaille, et tu réfléchis:
  Lequel rapporte davantage?
  Tu te tourmentes, je jouis:
  Qui de nous deux est le plus sage?

XI. — LE CHIEN ET LE CHAT.

  Un chien vendu par son maître
  Brisa sa chaîne, et revint
  Au logis qui le vit naître.
  Jugez de ce qu'il devint
  Lorsque, pour prix de son zèle,
  Il fut de cette maison
  Reconduit par le bâton
  Vers sa demeure nouvelle.

Un vieux chat, son compagnon,
Voyant sa surprise extrême,
En passant lui dit ce mot :
Tu croyais donc, pauvre sot,
Que c'est pour nous qu'on nous aime !

XII. — LE VACHER ET LE GARDE-CHASSE.

Colin gardait un jour les vaches de son père ;
Colin n'avait pas de bergère,
Et s'ennuyait tout seul. Le garde sort du bois :
Depuis l'aube, dit-il, je cours dans cette plaine,
Après un vieux chevreuil que j'ai manqué deux fois,
  Et qui m'a mis tout hors d'haleine.
  Il vient de passer par là-bas,
Lui répondit Colin : mais, si vous êtes las,
Reposez-vous : gardez mes vaches à ma place,
  Et j'irai faire votre chasse.
Je réponds du chevreuil. — Ma foi, je le veux bien.
Tiens, voilà mon fusil, prends avec toi mon chien ;
  Va le tuer. Colin s'apprête,
S'arme, appelle Sultan. Sultan, quoiqu'à regret,
  Court avec lui vers la forêt.
Le chien bat les buissons : il va, vient, sent, arrête ;
Et voilà le chevreuil... Colin impatient
  Tire aussitôt, manque la bête,
  Et blesse le pauvre Sultan.
  A la suite du chien qui crie
  Colin revient à la prairie.
  Il trouve le garde ronflant ;
  De vaches point : elles étaient volées.
Le malheureux Colin, s'arrachant les cheveux,
Parcourt en gémissant les bois et les vallées :
Il ne voit rien. Le soir, sans vaches, tout honteux,
  Colin retourne chez son père,
  Et lui conte en tremblant l'affaire.
Celui-ci, saisissant un bâton de cormier,
Corrige son cher fils de ses folles idées ;
  Puis lui dit : Chacun son métier,
  Les vaches seront bien gardées.

XIII. — LA COQUETTE ET L'ABEILLE.

Chloé, jeune et jolie et surtout fort coquette,
  Tous les matins, en se levant,
Se mettait au travail, j'entends à sa toilette ;
  Et là, souriant, minaudant,
  Elle disait à son cher confident
Les peines, les plaisirs, les projets de son âme.
Une abeille étourdie arrive en bourdonnant.
Au secours ! au secours ! crie aussitôt la dame :
Venez, Lise, Marton, accourez promptement ;
Chassez ce monstre ailé. Le monstre insolemment
  Aux lèvres de Chloé se pose.
Chloé s'évanouit, et Marton en fureur
  Saisit l'abeille et se dispose
A l'écraser. Hélas ! lui dit avec douceur
L'insecte malheureux, pardonnez mon erreur ;
La bouche de Chloé me semblait une rose,
Et j'ai cru... Ce seul mot à Chloé rend ses sens.
Faisons grâce, dit-elle, à son aveu sincère :
  D'ailleurs sa piqûre est légère ;
Depuis qu'elle te parle, à peine je la sens.

Que ne fait-on passer avec un peu d'encens !

XIV. — L'ÉLÉPHANT BLANC.

Dans certains pays de l'Asi
  On révère les éléphants,
    Surtout les blancs.
  Un palais est leur écurie ;
  On les sert dans des vases d'or ;
Tout homme à leur aspect s'incline vers la terre,
  Et les peuples se font la guerre
  Pour s'enlever ce beau trésor.
Un de ces éléphants, grand penseur, bonne tête,
Voulut savoir un jour d'un de ses conducteurs

Ce qui lui valait tant d'honneurs,
Puisqu'au fond, comme un autre, il n'était qu'une bête.
Ah ! répond le cornac, c'est trop d'humilité ;
  L'on connaît votre dignité,
Et toute l'Inde sait qu'au sortir de la vie
Les âmes des héros qu'a chéris la patrie
  S'en vont habiter quelque temps
  Dans le corps des éléphants blancs.
Nos talapoins l'ont dit ; ainsi la chose est sûre.
  — Quoi ! vous nous croyez des héros ?
— Sans doute. — Et sans cela nous serions en repos.
Jouissant dans les bois des biens de la nature ?
— Oui, seigneur. — Mon ami, laisse-moi donc partir,
  Car on t'a trompé, je t'assure ;
  Et, si tu veux y réfléchir,
  Tu verras bientôt l'imposture.
  Nous sommes fiers et caressants,
  Modérés, quoique tout-puissants ;
  On ne nous voit point faire injure
A plus faible que nous ; l'amour dans notre cœur
  Reçoit des lois de la pudeur ;
  Malgré la faveur où nous sommes,
Les honneurs n'ont jamais altéré nos vertus :
  Quelles preuves faut-il de plus ?
  Comment nous croyez-vous des hommes ?

XV. — LE LIERRE ET LE THYM.

  Que je te plains, petite plante !
  Disait un jour le lierre au thym :
  Toujours ramper, c'est ton destin ;
  Ta tige chétive et tremblante
Sort à peine de terre, et la mienne dans l'air,
  Unie au chêne altier que chérit Jupiter,
  S'élance avec lui dans la nue.
Il est vrai, dit le thym, ta hauteur m'est connue ;
Je ne puis sur ce point disputer avec toi :
  Mais je me soutiens par moi-même ;
Et sans cet arbre, appui de ta faibles extrême,
Tu ramperais plus bas que moi.

Traducteurs, éditeurs, faiseurs de commentaires,
Qui nous parlez toujours de grec ou de latin
  Dans vos discours préliminaires,
  Retenez ce que dit le thym.

XVI. — LE CHAT ET LA LUNETTE.

  Un chat sauvage et grand chasseur
    S'établit, pour faire bombance,
  Dans le parc d'un jeune seigneur
Où lapins et perdrix étaient en abondance.
Là ce nouveau Nembrod, la nuit comme le jour,
A la course, à l'affût également habile,
Poursuivait, attendait, immolait tour à tour
  Et quadrupède et volatile.
Les gardes épiaient l'insolent braconnier ;
Mais, dans le fond du bois caché près d'un terrier,
  Le drôle trompait leur adresse.
Cependant il craignait d'être pris à la fin,
  Et se plaignait que la vieillesse
  Lui rendit l'œil moins sûr, moins fin.
Ce penser lui causait souvent de la tristesse,
Lorsqu'un jour il rencontre un petit tuyau noir
Garni par ses deux bouts de deux glaces bien nettes :
  C'était une de ces lunettes
Faites pour l'Opéra, que, par hasard, un soir
Le maître avait perdue en ce lieu solitaire.
  Le chat d'abord la considère,
La touche de sa griffe, et de l'extrémité
La fait à petits coups rouler sur le côté,
Court après, s'en saisit, l'agite, la remue,
Étonné que rien n'en sortît.
Il s'avise à la fin d'appliquer à sa vue
Le verre d'un des bouts ; c'était le plus petit.
Alors il aperçoit sous la verte coudrette
Un lapin que ses yeux tout seuls ne voyaient pas.
Ah ! quel trésor ! dit-il en serrant sa lunette
Et courant au lapin, qu'il croit à quatre pas,
Mais il entend du bruit ; il reprend sa machine,
S'en sert par l'autre bout, et voit dans le lointain

Le garde qui vers lui chemine.
Pressé par la peur, par la faim,
Il reste un moment incertain,
Hésite, réfléchit, puis de nouveau regarde :
Mais toujours le gros bout lui montre loin le garde,
Et le petit tout près lui fait voir le lapin.
Croyant avoir le temps, il va manger la bête;
Le garde est à vingt pas qui vous l'ajuste au front,
Lui met deux balles dans la tête
Et de sa peau fait un manchon.

Chacun de nous a sa lunette,
Qu'il retourne suivant l'objet :
On voit là-bas ce qui déplait,
On voit ici ce qu'on souhaite.

XVII. — LE JEUNE HOMME ET LE VIEILLARD.

De grâce, apprenez-moi comment l'on fait fortune,
Demandait à son père un jeune ambitieux.
Il est, dit le vieillard, un chemin glorieux,
C'est de se rendre utile à la cause commune,
De prodiguer ses jours, ses veilles, ses talents
    Au service de la patrie.
    — Oh ! trop pénible est cette vie :
Je veux des moyens moins brillants,
— Il en est de plus sûrs, l'intrigue... — Elle est trop vile.
Sans vice et sans travail je voudrais m'enrichir.
    — Eh bien ! sois un simple imbécile;
    J'en ai vu beaucoup réussir.

XVIII. — LA TAUPE ET LES LAPINS.

Chacun de nous souvent connaît bien ses défauts :
En convenir c'est autre chose;
On aime mieux souffrir de véritables maux
Que d'avouer qu'ils en sont cause.
Je me souviens à ce sujet
D'avoir été témoin d'un fait
Fort étonnant et difficile à croire;
Mais je l'ai vu. Voici l'histoire.

Près d'un bois, le soir, à l'écart,
Dans une superbe prairie,
Des lapins s'amusaient sur l'herbette fleurie
A jouer à colin-maillard.
Des lapins ! direz-vous ; la chose est impossible.
Rien n'est plus vrai pourtant : une feuille flexible
Sur les yeux de l'un d'eux en bandeau s'appliquait,
Et puis sous le cou se nouait.
Un instant en faisait l'affaire.
Celui que ce ruban privait de la lumière
Se plaçait au milieu ; les autres alentour
    Sautaient, dansaient, faisaient merveilles,
    S'éloignaient, venaient tour à tour
    Tirer sa queue ou ses oreilles.
Le pauvre aveugle alors, se retournant soudain,
Sans craindre pot au noir, jette au hasard la patte :
Mais la troupe échappe à la hâte;
Il ne prend que du vent, il se tourmente en vain,
    Il y sera jusqu'à demain.
    Une taupe assez étourdie,
Qui sous terre entendit ce bruit,
    Sort aussitôt de son réduit,
    Et se mêle dans la partie.
    Vous jugez que, n'y voyant pas,
    Elle fut prise au premier pas.
Messieurs, dit un lapin, ce serait conscience,
Et la justice veut qu'à notre pauvre sœur
    Nous fassions un peu de faveur ;
    Elle est sans yeux et sans défense,
Ainsi je suis d'avis... — Non, répond avec feu
La taupe ; je suis prise, et prise de bon jeu :
Mettez-moi le bandeau. — Très-volontiers, ma chère ;
Le voici : mais je crois qu'il n'est pas nécessaire
    Que nous serrions le nœud bien fort.
— Pardonnez-moi, monsieur, reprit-elle en colère;
Serrez bien, car j'y vois. . Serrez, j'y vois encor.

XIX. — LE ROSSIGNOL ET LE PRINCE.

Un jeune prince avec son gouverneur
    Se promenait dans un bocage,
    Et s'ennuyait, suivant l'usage ;
    C'est le profit de la grandeur.
Un rossignol chantait sous le feuillage ;
Le prince l'aperçoit et le trouve charmant;
Et, comme il était prince, il veut dans le moment
    L'attraper et le mettre en cage.
    Mais pour le prendre il fait du bruit,
        Et l'oiseau fuit.
Pourquoi donc, dit alors son altesse en colère,
    Le plus aimable des oiseaux
Se tient-il dans les bois, farouche et solitaire,
Tandis que mon palais est rempli de moineaux ?
C'est, lui dit le Mentor, afin de vous instruire
    De ce qu'un jour vous devez éprouver :
    Les sots savent tous se produire ;
Le mérite se cache, il faut aller le trouver.

XX. — L'AVEUGLE ET LE PARALYTIQUE.

Aidons-nous mutuellement ;
La charge des malheurs en sera plus légère :
    Le bien que l'on fait à son frère
Pour le mal que l'on souffre est un soulagement.
Confucius l'a dit ; suivons tous sa doctrine :
    Pour la persuader aux peuples de la Chine
    Il leur contait le trait suivant.

    Dans une ville de l'Asie
    Il existait deux malheureux,
L'un perclus, l'autre aveugle, et pauvres tous les deux.
Ils demandaient au ciel de terminer leur vie :
    Mais leurs cris étaient superflus,
Ils ne pouvaient mourir. Notre paralytique,
Couché sur un grabat dans la place publique,
Souffrait sans être plaint ; il en souffrait bien plus.
L'aveugle, à qui tout pouvait nuire,
    Était sans guide, sans soutien,
    Sans avoir même un pauvre chien
    Pour l'aimer et pour le conduire.
Un certain jour il arriva
Que l'aveugle à tâtons, au détour d'une rue,
    Près du malade se trouva :
Il entendit ses cris; son âme en fut émue.
    Il n'est tels que les malheureux
    Pour se plaindre les uns les autres.
J'ai mes maux, lui dit-il, et vous avez les vôtres :
Unissons-les, mon frère, ils seront moins affreux.
Hélas ! dit le perclus, vous ignorez, mon frère,
    Que je ne puis faire un seul pas ;
    Vous-même vous n'y voyez pas :
A quoi nous servirait d'unir notre misère?
A quoi ! répond l'aveugle ; écoutez : à nous deux
Nous possédons le bien à chacun nécessaire ;
    J'ai des jambes, et vous des yeux .
Moi je vais vous porter ; vous, vous serez mon guide :
Vos yeux dirigeront mes pas mal assurés ;
Mes jambes à leur tour iront où vous voudrez.
Ainsi, sans que jamais notre amitié décide
Qui de nous deux remplit le plus utile emploi,
Je marcherai pour vous, vous y verrez pour moi.

XXI. — PANDORE.

Quand Pandore eut reçu la vie,
Chaque Dieu de ses dons s'empressa de l'orner.
    Vénus, malgré sa jalousie,
Détacha sa ceinture et vint la lui donner.
Jupiter, admirant cette jeune merveille,
Craignait pour les humains ses attraits enchanteurs ;
Vénus rit de sa crainte, et lui dit à l'oreille :
    Elle blessera bien des cœurs ;
    Mais j'ai caché dans ma ceinture
    Les caprices pour affaiblir

Le mal que fera sa blessure,
Et *les faveurs* pour en guérir.

XXII. — L'ENFANT ET LE DATTIER.

Amadame de la Briche.

Non loin des rochers de l'Atlas,
Au milieu des déserts où cent tribus errantes
Promènent au hasard leurs chameaux et leurs tentes,
Un jour certain enfant précipitait ses pas.
C'était le jeune fils de quelque musulmane,
Qui s'en allait en caravane.
Quand sa mère dormait il courait le pays.
Dans un ravin profond, loin de l'aride plaine,
Notre enfant trouve une fontaine,
Auprès un beau dattier tout couvert de ses fruits.
Oh ! quel bonheur ! dit-il, ces dattes, cette eau claire
M'appartiennent ; sans moi, dans ce lieu solitaire,
Ces trésors cachés, inconnus,
Demeuraient à jamais perdus.

Je les ai découverts, ils sont ma récompense.
Parlant ainsi, l'enfant vers le dattier s'élance,
Et jusqu'à son sommet tâche de se hisser.
L'entreprise était périlleuse :
L'écorce, tantôt nue et tantôt raboteuse,
Lui déchirait les mains ou les faisait glisser.
Deux fois il retomba, mais d'une ardeur nouvelle,
Il recommence de plus belle,
Et parvient enfin, haletant,
A ces fruits qu'il désirait tant.
Il se jette alors sur les dattes,
Se tenant d'une main, de l'autre fourrageant,
Et mangeant
Sans choisir les plus délicates.
Tout à coup voilà notre enfant
Qui réfléchit et qui descend.
Il court chercher sa bonne mère,
Prend avec lui son jeune frère,
Les conduit au dattier. Le cadet incliné,
S'appuyant au tronc qu'il embrasse,
Présente son dos à l'aîné ;
L'autre y monte, et de cette place,
Libre de ses deux bras, sans efforts, sans danger,
Cueille et jette les fruits ; la mère les ramasse,
Puis sur un linge blanc prend soin de les ranger.
La récolte achevée, et la nappe étant mise,
 Les deux frères tranquillement,
Souriant à leur mère au milieu d'eux assise,
Viennent au bord de l'eau faire un repas charmant.

De la société ceci nous peint l'image ;
Je ne connais de biens que ceux que l'on partage.
Cœurs dignes de sentir le prix de l'amitié
 Retenez cet ancien adage :
 Le tout ne vaut pas la moitié.

LIVRE SECOND.

I. — LA MÈRE, L'ENFANT ET LES SARIGUES.

Vous de qui les attraits, la modeste douceur,
Savent tout obtenir et n'osent rien prétendre,
Vous que l'on ne peut voir sans devenir plus tendre,
Et qu'on ne peut aimer sans devenir meilleur,
Je vous respecte trop pour parler de vos charmes,
 De vos talents, de votre esprit...
Vous aviez déjà peur ; bannissez vos alarmes,
 C'est de vos vertus qu'il s'agit.
Je veux peindre en mes vers des mères le modèle,
Le sarigue, animal peu connu parmi nous,
 Mais dont les soins touchants et doux,
 Dont la tendresse maternelle
 Seront de quelque prix pour vous.
 Le fond du conte est véritable :
Buffon m'en est garant ; qui pourrait en douter !
D'ailleurs tout dans ce genre a droit d'être croyable
Lorsque c'est devant vous qu'on peut le raconter.

Maman, disait un jour à la plus tendre mère
Un enfant péruvien sur ses genoux assis,
Quel est cet animal qui dans cette bruyère
 Se promène avec ses petits ?
Il ressemble au renard. Mon fils, répondit-elle,
 Du sarigue c'est la femelle ;
 Nulle mère pour ses enfants
N'eut jamais plus d'amour, plus de soins vigilans.
La nature a voulu seconder sa tendresse,
Et lui fit près de l'estomac
Une poche profonde, une espèce de sac,
Où ses petits, quand un danger les presse,
 Vont mettre à couvert leur faiblesse.
Fais du bruit, tu verras ce qu'ils vont devenir.
L'enfant frappe des mains : la sarigue attentive
 Se dresse, et d'une voix plaintive
Jette un cri ; les petits aussitôt d'accourir,
 Et de s'élancer vers la mère
En cherchant dans son sein leur retraite ordinaire.
 La poche s'ouvre, les petits
 En un moment y sont blottis,
Et disparaissent tous ; la mère avec vitesse
 S'enfuit, emportant sa richesse.
La Péruvienne alors dit à l'enfant surpris :
 Si jamais le sort t'est contraire,
Souviens-toi du sarigue ; imite-le, mon fils :
L'asile le plus sûr est le sein d'une mère.

II. — LE VIEUX ARBRE ET LE JARDINIER.

Un jardinier dans son jardin
 Avait un vieux arbre stérile ;
C'était un grand poirier, qui jadis fut fertile :
Mais il avait vieilli, tel est notre destin.
Le jardinier ingrat veut l'abattre un matin.

Le voilà qui prend sa cognée.
Au premier coup l'arbre lui dit :
Respecte mon grand âge, et souviens-toi du fruit
Que je t'ai donné chaque année.
La mort va me saisir, je n'ai plus qu'un instant ;
N'assassine pas un mourant
Qui fut ton bienfaiteur. Je te coupe avec peine,
Répond le jardinier : mais j'ai besoin de bois.
Alors, gazouillant à la fois,
De rossignols une centaine
S'écrie : Epargne-le : nous n'avons plus que lui.
Lorsque ta femme vient s'asseoir sous son ombrage,
Nous la réjouissons par notre doux ramage ;
Elle est seule souvent, nous charmons son ennui.
Le jardinier les chasse, et rit de leur requête.
Il frappe un second coup ; d'abeilles un essaim
Sort aussitôt du tronc en lui disant : Arrête :
Ecoute-nous, homme inhumain :
Si tu nous laisses cet asile,
Chaque jour nous te donnerons
Un miel délicieux dont tu peux à la ville
Porter et vendre les rayons ;
Cela te touche-t-il? J'en pleure de tendresse,
Répond l'avare jardinier :
Eh ! que ne dois-je pas à ce pauvre poirier
Qui m'a nourri dans sa jeunesse?
Ma femme quelquefois vient ouïr ces oiseaux :
C'en est assez pour moi : qu'ils chantent en repos.
Et vous qui daignerez augmenter mon aisance,
Je veux pour vous de fleurs semer tout ce canton.
Cela dit, il s'en va, sûr de sa récompense,
Et laisse vivre le vieux tronc.

Comptez sur la reconnaissance
Quand l'intérêt vous en répond.

III. — LA BREBIS ET LE CHIEN.

La brebis et le chien, de tous les temps amis,
Se racontaient un jour leur vie infortunée.
Ah ! disait la brebis, je pleure et je frémis
Quand je songe aux malheurs de notre destinée.
Toi, l'esclave de l'homme, adorant des ingrats,
Toujours soumis, tendre et fidèle,
Tu reçois pour prix de ton zèle
Des coups et souvent le trépas.
Moi qui tous les ans les habille,
Qui leur donne du lait et qui fume leurs champs,
Je vois chaque matin quelqu'un de ma famille
Assassiné par ces méchants.
Leurs confrères les loups dévorent ce qui reste.
Victimes de ces inhumains,
Travailler pour eux seuls, et mourir par leurs mains,
Voilà notre destin funeste !
Il est vrai, dit le chien ; mais crois-tu plus heureux
Les auteurs de notre misère?
Va, ma sœur, il vaut encor mieux
Souffrir le mal que de le faire.

IV. — LE BONHOMME ET SON TRÉSOR.

Un bonhomme de mes parents,
Que j'ai connu dans mon jeune âge,
Se faisait adorer de tout son voisinage ;
Consulté, vénéré des petits et des grands,
Il vivait dans sa terre en véritable sage.
Il n'avait pas beaucoup d'écus,
Mais cependant assez pour vivre dans l'aisance ;
En revanche force vertus,
Du sens, de l'esprit par-dessus,
Et cette aménité que donne l'innocence.
Quand un pauvre venait le voir,
S'il avait de l'argent il donnait des pistoles,
Et, s'il n'en avait point, du moins par ses paroles
Il lui rendait un peu de courage et d'espoir.
Il raccommodait les familles,
Corrigeait doucement les jeunes étourdis,
Riait avec les jeunes filles,
Et leur trouvait de bons maris.
Indulgent aux défauts des autres,
Il répétait souvent : N'avons-nous pas les nôtres?

Ceux-ci sont nés boiteux, ceux-là sont nés bossus,
L'un un peu moins, l'autre un peu plus ;
La nature de cent manières
Voulut nous affliger : marchons ensemble en paix,
Le chemin est assez mauvais
Sans nous jeter encor des pierres.
Or il arriva certain jour
Que notre bon vieillard trouva dans une tour
Un trésor caché sous la terre.
D'abord il n'y voit qu'un moyen
De pouvoir faire plus de bien ;
Il le prend, l'emporte et le serre.
Puis en réfléchissant le voilà qui se dit :
Cet or que j'ai trouvé ferait plus de profit
Si j'en augmentais mon domaine ;
J'aurais plus de vassaux, je serais plus puissant.
Je peux mieux faire encor ; dans la ville prochaine
Achetons une charge, et soyons président.
Président ! cela vaut la peine.

Je n'ai pas fait mon droit ; mais avec mon argent,
On m'en dispensera, puisque cela s'achète.
Tandis qu'il rêve et qu'il projette
Sa servante vient l'avertir
Que les jeunes gens du village
Dans la cour du château sont à se divertir
Le dimanche, c'était l'usage,
Le seigneur se plaisait à danser avec eux.
Oh ! ma foi, répond-il, j'ai bien d'autres affaires ;
Que l'on danse sans moi. L'esprit plein de chimères,
Il s'enferme tout seul pour se tourmenter mieux.
Ensuite il va joindre à sa somme
Un petit sac d'argent, reste du mois dernier.
Dans l'instant arrive un pauvre homme
Qui, tout en pleurs, vient le prier
De vouloir lui prêter vingt écus pour sa taille :
Le collecteur, dit-il, va me mettre en prison,
Et n'a laissé dans ma maison
Que six enfants sur de la paille.
Notre nouveau Crésus lui répond durement
Qu'il n'est point en argent comptant.

Le pauvre malheureux le regarde, soupire,
Et s'en retourne sans mot dire ;
Mais il n'était pas loin que notre bon seigneur
Retrouve tout à coup son cœur ;
Il court au paysan, l'embrasse,
De cent écus lui fait le don,
Et lui demande encor pardon,
Ensuite il fait crier que sur la grande place
Le village assemblé se rende dans l'instant.
On obéit ; notre bonhomme
Arrive avec toute sa somme,
En un seul monceau la répand.
Mes amis, leur dit-il, vous voyez cet argent :
Depuis qu'il m'appartient je ne suis plus le même ;
Mon âme est endurcie, et la voix du malheur
N'arrive plus jusqu'à mon cœur.
Mes enfants, sauvez-moi de ce péril extrême ;
Prenez et partagez ce dangereux métal ;
Emportez votre part chacun dans votre asile :
Entre tous divisé, cet or peut être utile ;
Réuni chez un seul il ne fait que du mal.
Soyons contents du nécessaire
Sans jamais souhaiter de trésors superflus ;
Il faut les redouter autant que la misère ;
Comme elle ils chassent les vertus.

V. — LE TROUPEAU DE COLAS.

Dès la pointe du jour sortant de son hameau,
Colas, jeune pasteur d'un assez beau troupeau,
Le conduisait au pâturage.
Sur sa route il trouve un ruisseau
Que, la nuit précédente, un effroyable orage
Avait rendu torrent ; comment passer cette eau ?
Chien, brebis et berger, tout s'arrête au rivage.
En faisant un circuit l'on eût gagné le pont :
C'était bien le plus sûr, mais c'était le plus long ;
Colas veut abréger. D'abord il considère
Qu'il peut franchir cette rivière ;
Et, comme ses béliers sont forts,
Il conclut que sans grands efforts
Le troupeau sautera. Cela dit, il s'élance ;
Son chien saute après lui, béliers d'entrer en danse
A qui mieux mieux ; courage ! allons !
Après les béliers les moutons !
Tout est en l'air, tout saute, et Colas les excite
En s'applaudissant du moyen.
Les béliers, les moutons sautèrent assez bien ;
Mais les brebis vinrent ensuite,
Les agneaux, les vieillards, les faibles, les peureux,
Les mutins, corps toujours nombreux,
Qui refusaient le saut ou sautaient de colère,
Et, soit faiblesse, soit dépit,
Se laissaient choir dans la rivière ;
Il s'en noya le quart ; un autre quart s'enfuit,
Et sous la dent du loup périt.
Colas, réduit à la misère,
S'aperçut, mais trop tard, que pour un bon pasteur
Le plus court n'est pas le meilleur.

VI. — LE BOUVREUIL ET LE CORBEAU.

Un bouvreuil, un corbeau, chacun dans une cage,
Habitaient le même logis.
L'un enchantait par son ramage
La femme, le mari, les gens, tout le ménage ;
L'autre les fatiguait sans cesse de ses cris ;
Il demandait du pain, du rôti, du fromage,
Qu'on se pressait de lui porter
Afin qu'il voulût bien se taire.
Le timide bouvreuil ne faisait que chanter,
Et ne demandait rien ; aussi pour l'ordinaire
On l'oubliait ; le pauvre oiseau
Manquait souvent de grain et d'eau.
Ceux qui louaient le plus de son chant l'harmonie
N'auraient pas fait le moindre pas
Pour voir si l'ange était remplie.
Ils l'aimaient bien pourtant, mais ils n'y pensaient pas.
Un jour on le trouva mort de faim dans sa cage.
Ah ! quel malheur ! dit-on : las ! il chantait si bien !
De quoi donc est-il mort ? Certes, c'est grand dommage !
Le corbeau crie encore et ne manque de rien.

VII. — LE SINGE QUI MONTRE LA LANTERNE MAGIQUE.

Messieurs les beaux esprits, dont la prose et les vers
Sont d'un style pompeux et toujours admirable,
Mais que l'on n'entend point, écoutez cette fable,
Et tâchez de devenir clairs.

Un homme qui montrait la lanterne magique
Avait un singe dont les tours
Attiraient chez lui grand concours ;
Jacqueau (c'était son nom) sur la corde élastique
Dansait et voltigeait au mieux,
Puis faisait le saut périlleux ;
Et puis sur un cordon, sans que rien le soutienne,
Le corps droit, fixe et d'aplomb,
Notre Jacqueau fait tout du long
L'exercice à la prussienne.
Un jour qu'au cabaret son maître était resté
(C'était, je pense, un jour de fête),
Notre singe en liberté
Veut faire un coup de sa tête.
Il s'en va rassembler les divers animaux
Qu'il peut rencontrer dans la ville :
Chiens, chats, poulets, dindons, pourceaux,
Arrivent bientôt à la file.
Entrez, entrez, messieurs, criait notre Jacqueau ;
C'est ici, c'est ici qu'un spectacle nouveau
Vous charmera gratis. Oui, messieurs, à la porte
On ne prend point d'argent ; je fais tout pour l'honneur.
A ces mots chaque spectateur
Va se placer, et l'on apporte
La lanterne magique ; on ferme les volets,
Et, par un discours fait exprès,
Jacqueau prépare l'auditoire.
Ce morceau vraiment oratoire
Fit bâiller ; mais on applaudit.
Content de son succès, notre singe saisit
Un verre peint qu'il met dans sa lanterne.
Il sait comment on le gouverne,
Et crie en le poussant : Est-il rien de pareil ?
Messieurs, vous voyez le soleil,
Ses rayons et toute sa gloire.
Voici présentement la lune et puis l'histoire
D'Eve et des animaux...
Voyez, messieurs, comme ils sont beaux !
Voyez la naissance du monde ;
Voyez... Les spectateurs, dans une nuit profonde,
Ecarquillaient leurs yeux et ne pouvaient rien voir.
L'appartement, le mur, tout était noir.
Ma foi, disait un chat, de toutes les merveilles
Dont il étourdit nos oreilles,
Le fait est que je ne vois rien.
Ni moi non plus, disait un chien.
Moi, disait la dindon, je vois bien quelque chose,
Mais je ne sais pour quelle cause
Je ne distingue pas très-bien.
Pendant tout ce discours le Cicéron moderne
Parlait éloquemment et ne se lassait point.
Il n'avait oublié qu'un point :
C'était d'éclairer sa lanterne.

VIII. — L'ENFANT ET LE MIROIR.

Un enfant élevé dans un pauvre village,
Revint chez ses parents, et fut surpris d'y voir
Un miroir.
D'abord il aima son image ;
Et puis, par un travers bien digne d'un enfant,
Et même d'un être plus grand,
Il veut outrager ce qu'il aime,
Lui fait une grimace, et le miroir le rend,
Alors son dépit est extrême ;
Il lui montre un poing menaçant ;
Il se voit menacé de même.
Notre marmot fâché s'en vient en frémissant
Battre cette image insolente :
Il se fait mal aux mains. Sa colère en augmente,
Et, furieux, au désespoir,

Le voilà devant ce miroir
Criant, pleurant, frappant la glace.
Sa mère, qui survient, le console, l'embrasse,
Tarit ses pleurs, et doucement lui dit :
N'as-tu pas commencé par faire la grimace
A ce méchant enfant qui cause ton dépit ?
— Oui. — Regarde à présent : tu souris, il sourit ;
Tu tends vers lui les bras, il te les tend de même ;
Tu n'es plus en colère, il ne se fâche plus :
De la société tu vois ici l'emblème :
    Le bien, le mal, nous sont rendus.

IX. — LES DEUX CHATS.

Deux chats qui descendaient du fameux Rodilard,
Et dignes tous les deux de leur noble origine,
Différaient d'embonpoint : l'un était gras à lard,
    C'était l'aîné ; sous son hermine
    D'un chanoine il avait la mine,
Tant il était dodu, potelé, frais et beau ;
    Le cadet n'avait que la peau
    Collée à sa tranchante épine.
Cependant ce cadet, du matin jusqu'au soir,
    De la cave à la gouttière
    Trottait, courait, il fallait voir !
    Sans en faire meilleure chère.
Enfin un jour, au désespoir,
    Il tint ce discours à son frère :
    Explique-moi par quel moyen,
    Passant ta vie à ne rien faire,
Moi travaillant toujours, on te nourrit si bien,
    Et moi si mal. — La chose est claire,
Lui répondit l'aîné ; tu cours tout le logis
Pour manger rarement quelque maigre souris...
— N'est-ce pas mon devoir ? — D'accord, cela peut être :
    Mais moi je reste auprès du maître ;
    Je sais l'amuser par mes tours.
Admis à ses repas sans qu'il me réprimande,
Je prends de bons morceaux, et puis je les demande
    En faisant patte de velours,
    Tandis que toi, pauvre imbécile,
    Tu ne sais rien que le servir.
    Va, le secret de réussir,
    C'est d'être adroit, non d'être utile.

X. — LE CHEVAL ET LE POULAIN.

Un bon père cheval, veuf et n'ayant qu'un fils,
    L'élevait dans un pâturage
Où les eaux, les fleurs et l'ombrage
Présentaient à la fois tous les biens réunis.
Abusant pour jouir, comme on fait à cet âge,
Le poulain tous les jours se gorgeait de sainfoin,
    Se vautrait dans l'herbe fleurie,
    Galopait sans objet, se baignait sans envie,
    Ou se reposait sans besoin.
Oisif et gras à lard, le jeune solitaire
S'ennuya, se lassa de ne manquer de rien ;
Le dégoût vint bientôt ; il va trouver son père :
Depuis longtemps, dit-il, je ne me sens pas bien ;
    Cette herbe est malsaine et me tue ;
Ce trèfle est sans saveur ; cette onde est corrompue ;
L'air qu'on respire ici m'attaque les poumons ;
    Bref, je meurs si nous ne partons.
Mon fils, répond le père, il s'agit de la vie ;
    A l'instant même il faut partir.
Sitôt dit, sitôt fait, ils quittent leur patrie.
Le jeune voyageur bondissait de plaisir ;
Le vieillard, moins joyeux, allait un train plus sage ;
Mais il guidait l'enfant, et le faisait gravir
Sur des monts escarpés, arides, sans herbage
    Où rien ne pouvait le nourrir.
    Le soir vint, point de pâturage ;
    On s'en passa. Le lendemain,
Comme l'on commençait à souffrir de la faim,
On prit du bout des dents une ronce sauvage.
On ne galopa plus le reste du voyage ;
A peine après deux jours allait-on même au pas.
    Jugeant alors la leçon faite,
    Le père va reprendre une route secrète
    Que son fils ne connaissait pas ;
Et le ramène à la prairie
Au milieu de la nuit. Dès que notre poulain
    Retrouve un peu d'herbe fleurie,
Il se jette dessus : Ah ! l'excellent festin,
La bonne herbe ! dit-il ; comme elle est douce et tendre !
    Mon père, il ne faut pas s'attendre
Que nous puissions rencontrer mieux :
Fixons-nous pour jamais dans ces aimables lieux.
Quel pays peut valoir cet asile champêtre ?
Comme il parlait ainsi, le jour vint à paraître :
Le poulain reconnaît le pré qu'il a quitté ;
Il demeure confus. Le père avec bonté
Lui dit : Mon cher enfant, retiens cette maxime :
Quiconque jouit trop est bientôt dégoûté
    Il faut au bonheur un régime.

XI. — LE GRILLON.

    Un pauvre petit grillon
    Caché dans l'herbe fleurie
    Regardait un papillon
    Voltigeant dans la prairie.
L'insecte ailé brillait des plus vives couleurs ;
L'azur, le pourpre et l'or éclataient sur ses ailes
Jeune, beau, petit-maître, il court de fleurs en fleurs,
    Prenant et quittant les plus belles.
Ah ! disait le grillon, que son sort et le mien
    Sont différents ! Dame nature
    Pour lui fit tout, et pour moi rien.
Je n'ai point de talent, encor moins de figure !
Nul ne prend garde à moi, l'on m'ignore ici-bas ;
    Autant vaudrait n'exister pas.
    Comme il parlait, dans la prairie
    Arrive une troupe d'enfants :
    Aussitôt les voilà courants
Après ce papillon dont ils ont tous envie.
Chapeaux, mouchoirs, bonnets, servent à l'attraper :
L'insecte vainement cherche à leur échapper,
    Il devient bientôt leur conquête.
L'un le saisit par l'aile, un autre par le corps,
Un troisième survient et le prend par la tête ;
    Il ne fallait pas tant d'efforts
    Pour déchirer la pauvre bête.
Oh ! oh ! dit le grillon, je ne suis plus fâché :
Il en coûte trop cher pour briller dans le monde.
Combien je vais aimer ma retraite profonde !
    Pour vivre heureux vivons caché.

XII. — LE CHATEAU DE CARTES.

Un bon mari, sa femme et deux jolis enfants
Coulaient en paix leurs jours dans le simple ermitage
Où paisibles comme eux vécurent leurs parents.
Ces époux, partageant les soins du ménage,
Cultivaient leurs jardins, recueillaient leurs moissons,
Et le soir, dans l'été, soupant sous le feuillage,
    Dans l'hiver, devant leurs tisons,
Ls prêchaient à leurs fils la vertu, la sagesse,
Leur parlaient du bonheur qu'ils procurent toujours :
Le père par un conte égayait ses discours,
    La mère par une caresse.
L'aîné de ces enfants, né grave, studieux,
Lisait et méditait sans cesse ;
Le cadet, vif, léger, mais plein de gentillesse,
Sautait, riait toujours, ne se plaisait qu'aux jeux.
Un soir, selon l'usage, à côté de leur père,
Assis près d'une table où s'appuyait la mère,
L'aîné lisait Rollin : le cadet, peu soigneux
D'apprendre les hauts faits des Romains ou des Parthes,
Employait tout son art, toutes ses facultés
A joindre, à soutenir par les quatre côtés
    Un fragile château de cartes.
Il n'en respirait pas d'attention, de peur.
Tout à coup voici le lecteur
Qui s'interrompt : Papa, dit-il, daigne m'instruire
Pourquoi certains guerriers sont nommés conquérants
    Et d'autres fondateurs d'empires :
    Ces deux noms sont-ils différents ?
Le père méditait une réponse sage
Lorsque son fils cadet, transporté de plaisir,
Après tant de travail, d'avoir pu parvenir

A placer son second étage,
S'écrie : Il est fini ! Son frère murmurant
Se fâche, et d'un seul coup détruit son long ouvrage ;
Et voilà le cadet pleurant.
Mon fils, répond alors le père,
Le fondateur c'est votre frère,
Et vous êtes le conquérant.

XIII. — LE PHÉNIX.

Le phénix, venant d'Arabie,
Dans nos bois parut un beau jour :
Grand bruit chez les oiseaux ; leur troupe réunie
Vole pour lui faire sa cour.
Chacun l'observe, l'examine :
Son plumage, sa voix, son chant mélodieux,
Tout est beauté, grâce divine,
Tout charme l'oreille et les yeux.
Pour la première fois on vit céder l'envie
Au besoin de louer et d'aimer son vainqueur.
Le rossignol disait : Jamais tant de douceur
N'enchanta mon âme ravie.
Jamais, disait la paon, de plus belles couleurs
N'ont eu cet éclat que j'admire ;
Il éblouit mes yeux et toujours m'attire.
Les autres répétaient ces éloges flatteurs,
Vantaient le privilège unique
De ce roi des oiseaux, de cet enfant du ciel,
Qui, vieux, sur un bûcher de cèdre aromatique
Se consume lui-même et renaît immortel.
Pendant tous ces discours la seule tourterelle
Sans rien dire, fit un soupir.
Son époux, la poussant de l'aile,
Lui demande d'où peut venir
Sa rêverie et sa tristesse :
De cet heureux oiseau désires-tu le sort ?
Moi ! mon ami, je le plains fort ;
Il est le seul de son espèce.

XIV. — LA PIE ET LA COLOMBE.

Une colombe avait son nid
Tout auprès du nid d'une pie :
Cela s'appelle avoir mauvaise compagnie :
D'accord, mais de ce point pour l'heure il ne s'agit.
Au logis de la tourterelle
Ce n'était qu'amour et bonheur ;
Dans l'autre nid toujours querelle,
Œufs cassés, tapage et rumeur.
Lorsque par son époux la pie était battue,
Chez sa voisine elle venait ;
Là jasait, criait, se plaignait
Et faisait la longue revue
Des défauts de son cher époux.
Il est fier, exigeant, dur, emporté, jaloux,
De plus, je sais fort bien qu'il va voir des corneilles ;
Et cent autres choses pareilles
Qu'elle disait dans son courroux.
Mais vous, répond la tourterelle,
Etes-vous sans défauts ? Non, j'en ai, lui dit-elle ;
Je vous le confie entre nous :
En conduite, en propos, je suis assez légère,
Coquette comme on l'est, parfois un peu colère,
Et me plaisant souvent à le faire enrager :
Mais qu'est-ce que cela ? — C'est beaucoup trop, ma chère.
Commencez par vous corriger,
Votre humeur peut l'aigrir... Qu'appelez-vous, ma mie ?
Interrompt aussitôt la pie :
Moi de l'humeur ! Comment ! je vous conte mes maux,
Et vous m'injuriez ! je vous trouve plaisante ;
Adieu, petite impertinente :
Mêlez-vous de vos tourtereaux.

Nous convenons de nos défauts,
Mais c'est pour que l'on nous démente.

XV. — L'ÉDUCATION DU LION.

Enfin le roi lion venait d'avoir un fils ;
Partout dans ses Etats on se livrait en proie
Aux transports éclatants d'une bruyante joie :
Les rois heureux ont tant d'amis !
Sire lion, monarque sage,
Songeait à confier son enfant bien-aimé
Aux soins d'un gouverneur vertueux, estimé,
Sous qui le lionceau fît son apprentissage.
Vous jugez qu'un choix pareil
Est d'assez grande importance
Pour que longtemps on y pense.
Le monarque indécis assemble son conseil ;
En peu de mots il expose
Le point dont il s'agit, et supplie instamment
Chacun des conseillers de nommer franchement
Celui qu'en conscience il croit propre à la chose.
Le tigre se leva : Sire, dit-il, les rois
N'ont de grandeur que par la guerre ;
Il faut que votre fils soit l'effroi de la terre
Faites donc tomber votre choix
Sur le guerrier le plus terrible,
Le plus craint après vous des hôtes de ces bois.
Votre fils saura tout s'il sait être invincible.
L'ours fut de cet avis ; il ajouta pourtant
Qu'il fallait un guerrier prudent,
Un animal de poids, de qui l'expérience
Du jeune lionceau sût régler la vaillance
Et mettre à profit ses exploits.
Après l'ours le renard s'explique,
Et soutient que la politique
Est le premier talent des rois ;
Qu'il faut donc un Mentor d'une finesse extrême
Pour instruire le prince et pour le bien former,
Ainsi chacun, sans se nommer,
Clairement s'indiqua soi-même.
De semblables conseils sont communs à la cour.
Enfin le chien parle à son tour :
Sire, dit-il, je sais qu'il faut faire la guerre,
Mais je crois qu'un bon roi ne la fait qu'à regret ;
L'art de tromper ne me plaît guère :
Je connais un plus beau secret
Pour rendre heureux l'Etat, pour en être le père,
Pour tenir ses sujets, sans trop les alarmer,
Dans une dépendance entière ;
Ce secret c'est de les aimer.
Voilà pour bien régner la science suprême,
Et si vous désirez la voir dans votre fils,
Sire, montrez-la-lui vous-même.
Tout le conseil resta muet à cet avis.
Le lion court au chien : Ami, je te confie
Le bonheur de l'Etat et celui de ma vie ;
Prends mon fils, sois son maître, et loin de tout flatteur,
S'il se peut, va former son cœur.
Il dit, et le chien part avec le jeune prince.
D'abord à son pupille il persuade bien
Qu'il n'est point lionceau, qu'il n'est qu'un pauvre chien,
Son parent éloigné. De province en province
Il le fait voyager, montrant à ses regards
Les abus du pouvoir, des peuples la misère,
Les lièvres, les lapins mangés par les renards,
Les moutons par les loups, les cerfs par la panthère,
Partout le faible terrassé,
Le bœuf travaillant sans salaire,
Et le loup récompensé.
Le jeune lionceau frémissait de colère :
Mon père, disait-il, de pareils attentats
Sont-ils connus du roi ? Comment pourraient-ils l'être ?
Disait le chien : les grands approchent seuls du maître,
Et les mangés ne parlent pas.
Ainsi, sans raisonner de vertu, de prudence,
Notre jeune lion devenait tous les jours
Vertueux et prudent ; car c'est l'expérience
Qui corrige et non les discours.
A cette bonne école il acquit avec l'âge
Sagesse, esprit, force et raison :
Que lui fallait-il davantage ?
Il ignorait pourtant encor qu'il fût lion ;
Lorsqu'un jour qu'il parlait de sa reconnaissance
A son maître, à son bienfaiteur,
Un tigre furieux d'une énorme grandeur,
Paraissant tout à coup, contre le chien s'avance.
Le lionceau plus prompt s'élance,
Il hérisse ses crins, il rugit de fureur,
Bat ses flancs de sa queue, et ses griffes sanglantes
Ont bientôt dispersé les entrailles fumantes
De son redoutable ennemi.

A peine il est vainqueur qu'il court à son ami :
Oh ! quel bonheur pour moi d'avoir sauvé ta vie !
　　Mais quel est mon étonnement !
Sais-tu que l'amitié dans cet heureux moment
M'a donné d'un lion la force et la furie ?
Vous l'êtes, mon cher fils, oui, vous êtes mon roi,
　　Dit le chien tout baigné de larmes.
Le voilà donc venu ce moment plein de charmes
Où, vous rendant enfin tout ce que je vous doi
Je peux vous dévoiler un important mystère !
Retournons à la cour, mes travaux sont finis.
Cher prince, malgré moi cependant je gémis,
Je pleure, pardonnez ; tout l'État trouve un père,
　　Et moi je vais perdre mon fils.

XVI. — LE DANSEUR DE CORDE ET LE BALANCIER.

Sur la corde tendue un jeune voltigeur
Apprenait à danser ; et déjà son adresse,
　　Ses tours de force, de souplesse,
　　Faisaient venir maint spectateur.
Sur son étroit chemin on le voit qui s'avance
Le balancier en main, l'air libre, le corps droit,
　　Hardi, léger autant qu'adroit ;
Il s'élève, descend, va, vient, plus haut s'élance,
　　Retombe, remonte en cadence,
　　Et, semblable à certains oiseaux
Qui rasent en volant la surface des eaux,
　　Son pied touche sans qu'on le voie
A la corde qui plie et dans l'air le renvoie.
Notre jeune danseur, tout fier de son talent,
Dit un jour : A quoi bon ce balancier pesant
　　Qui me fatigue et m'embarrasse ?
Si je dansais sans lui j'aurais bien plus de grâce,
　　De force et de légèreté.
Aussitôt fait que dit. Le balancier jeté,
Notre étourdi chancelle, étend les bras et tombe.
Il se cassa le nez, et tout le monde en rit.

Jeunes gens, jeunes gens, ne vous a-t-on pas dit
Que sans règle et sans frein tôt ou tard on succombe ?
La vertu, la raison, les lois, l'autorité
Dans vos désirs fougueux vous causent quelque peine :
　　C'est le balancier qui vous gêne,
　　Mais qui fait votre sûreté.

XVII. — LA JEUNE POULE ET LE VIEUX RENARD.

Une poulette jeune et sans expérience,
　　En trottant, cloquetant, grattant,
　　Se trouva, je ne sais comment,
Fort loin du poulailler, berceau de son enfance.
Elle s'en aperçut qu'il était déjà tard.
Comme elle y retournait, voici qu'un vieux renard
　　A ses yeux troublés se présente.
　　La pauvre poulette tremblante
　　Recommanda son âme à Dieu.
Mais le renard, s'approchant d'elle,
Lui dit : Hélas ! mademoiselle,
　　Votre frayeur m'étonne peu ;
　　C'est la faute de mes confrères,
Gens de sac et de corde, infâmes ravisseurs,
　　Dont les appétits sanguinaires
　　Ont rempli la terre d'horreurs.
Je ne puis les changer ; mais du moins je travaille
　　A préserver par mes conseils
　　L'innocente et faible volaille
　　Des attentats de mes pareils.
Je ne me trouve heureux qu'en me rendant utile ;
Et j'allais de ce pas jusque dans votre asile
Pour avertir vos sœurs qu'il court un mauvais bruit :
C'est qu'un certain renard, méchant autant qu'habile,
　　Doit vous attaquer cette nuit.
Je viens veiller pour vous. La crédule innocente
Vers le poulailler le conduit ;
　　A peine est-il dans ce réduit
Qu'il tue, étrangle, égorge, et sa griffe sanglante
Entasse les mourants sur la terre étendus,
Comme fit Diomède au quartier de Rhésus.
　　Il croqua tout, grandes, petites,
Coqs, poulets et chapons ; tout périt sous ses dents.

La pire espèce de méchants
Est celle des vieux hypocrites.

XVIII. — LES DEUX PERSANS.

Cette pauvre raison dont l'homme est si jaloux
N'est qu'un pâle flambeau qui jette autour de nous
　　Une triste et faible lumière ;
Par-delà c'est la nuit. Le mortel téméraire
Qui veut y pénétrer marche sans savoir où.
Mais ne point profiter de ce bienfait suprême,
Éteindre son esprit, et s'aveugler soi-même,
　　C'est un autre excès non moins fou.

　　En Perse il fut jadis deux frères,
Adorant le soleil, suivant l'antique loi.
　　L'un d'eux, chancelant dans sa foi,
　　N'estimant rien que ses chimères,
Prétendait méditer, connaître, approfondir
　　De son dieu la sublime essence :
Et du matin au soir, afin d'y parvenir,
L'œil toujours attaché sur l'astre qu'il encense,
Il voulait expliquer le secret de ses feux.
Le pauvre philosophe y perdit les deux yeux,
Et dès lors du soleil il nia l'existence.
　　L'autre était crédule et bigot ;
　　Effrayé du sort de son frère,
Il y vit de l'esprit l'abus trop ordinaire,
Et mit tous ses efforts à devenir un sot :
On vient à bout de tout ; le pauvre solitaire
　　Avait peu de chemin à faire,
　　Il fut content de lui bientôt.
Mais, de peur d'offenser l'astre qui nous éclaire
En portant jusqu'à lui des regards indiscrets,
Il se fit un trou sous la terre,
Et condamna ses yeux à ne le voir jamais

Humains, pauvres humains, jouissez des bienfaits
D'un dieu que vainement la raison veut comprendre,
Mais que l'on voit partout, mais qui parle à nos cœurs.
Sans vouloir deviner ce qu'on ne peut apprendre,

Sans rejeter les dons que sa main sait répandre,
Employons notre esprit à devenir meilleurs.
Nos vertus au Très-Haut sont le plus digne hommage,
Et l'homme juste est le seul sage.

XIX. — MYSON.

Myson fut connu dans la Grèce
Par son amour pour la sagesse;
Pauvre, libre, content, sans soins, sans embarras,
Il vivait dans les bois, seul, méditant sans cesse,
Et parfois riant aux éclats.
Un jour deux Grecs vinrent lui dire :
De ta gaieté, Myson, nous sommes tous surpris :
Tu vis seul ; comment peux-tu rire ?
Vraiment, répondit-il, voilà pourquoi je ris.

XX. — LE CHAT ET LE MOINEAU.

La prudence est bonne de soi ;
Mais la pousser trop loin est une duperie :
L'exemple suivant en fait foi.
Des moineaux habitaient dans une métairie.
Un beau champ de millet, voisin de la maison,
Leur donnait du grain à foison.
Ces moineaux dans le champ passaient toute leur vie
Occupés de gruger les épis de millet.
Le vieux chat du logis les guettait d'ordinaire,
Tournait et retournait; mais il avait beau faire,
Sitôt qu'il paraissait la bande s'envolait.
Comment les attraper? Notre vieux chat y songe,
Médite, fouille en son cerveau,
Et trouve un tour tout neuf. Il va tremper dans l'eau
Sa patte, dont il fait éponge;
Dans du millet en grain aussitôt il la plonge;
Le grain s'attache tout autour.
Alors à cloche-pied, sans bruit, par un détour
Il va gagner le champ, s'y couche,
La patte en l'air et sur le dos,
Ne bougeant non plus qu'une souche.
Sa patte ressemblait à l'épi le plus gros :
L'oiseau s'y méprenait, il approchait sans crainte,
Venait pour becqueter : de l'autre patte, crac !
Voilà mon oiseau dans le sac.
Il en prit vingt par cette feinte.
Un moineau s'aperçoit du piège scélérat,
Et prudemment fuit la machine ;
Mais dès ce jour il s'imagine
Que chaque épi de grain était patte de chat.
Au fond de son trou solitaire
Il se retire, et plus n'en sort,
Supporte la faim, la misère,
Et meurt pour éviter la mort.

XXI. — LE ROI DE PERSE.

Un roi de Perse, certain jour,
Chassait avec toute sa cour.
Il eut soif, et, dans cette plaine,
On ne trouvait point de fontaine.
Près de là seulement était un grand jardin
Rempli de beaux cédrats, d'oranges, de raisin.
A Dieu ne plaise que j'en mange !
Dit le roi ; ce jardin courrait trop de danger :
Si je me permettais d'y cueillir une orange,
Mes vizirs aussitôt mangeraient le verger.

XXII. — LE LINOT.

Une linotte avait un fils
Qu'elle adorait selon l'usage,
C'était l'unique fruit du plus doux mariage,
Et le plus beau linot qui fût dans le pays.
Sa mère en était folle, et tous les témoignages
Que peuvent inventer la tendresse et l'amour
Étaient pour cet enfant épuisés chaque jour.

Notre jeune linot, fier de ces avantages,
Se croyait un phénix, prenait l'air suffisant,
Tranchait du petit important
Avec les oiseaux de son âge ;
Persiflait la mésange ou bien le roitelet,
Donnait à chacun son paquet,
Et se faisait haïr de tout le voisinage.
Sa mère lui disait : Mon cher fils, sois plus sage,
Plus modeste surtout. Hélas ! je conçois bien
Les dons, les qualités qui furent ton partage ;
Mais feignons de n'en savoir rien
Pour qu'on les aime davantage.
A tout cela notre linot
Répondait par quelque bon mot ;
La mère en gémissait dans le fond de son âme.
Un vieux merle, ami de la dame,
Lui dit : Laissez aller votre fils au grand bois ;
Je vous réponds qu'avant un mois
Il sera sans défauts. Vous jugez des alarmes
De la mère, qui pleure et frémit du danger ;
Mais le jeune linot brûlait de voyager ;
Il partit donc malgré ses larmes.
A peine est-il dans la forêt
Que notre petit personnage
Du pivert entend le ramage,
Et se moque de son fausset.
Le pivert, qui prit mal cette plaisanterie,
Vient à bons coups de bec plumer le persifleur,
Et, deux jours après, une pie
Le dégoûte à jamais du métier de railleur.
Il lui restait encor la vanité secrète
De se croire excellent chanteur ;
Le rossignol et la fauvette
Le guérirent de son erreur.
Bref, il retourna chez sa mère
Doux, poli, modeste et charmant.
Ainsi l'adversité fit dans un seul moment
Ce que tant de leçons n'avaient jamais pu faire.

LIVRE TROISIÈME.

I. — LES SINGES ET LE LÉOPARD.

Des singes dans un bois jouaient à la main chaude ;
Certaine guenon moricaude,
Assise gravement, tenait sur ses genoux
La tête de celui qui, courbant son échine,
Sur sa main recevait les coups.
On frappait fort, et puis devine !
Il ne devinait point ; c'étaient alors des ris,
Des sauts, des gambades, des cris.
Attiré par le bruit du fond de sa tanière,
Un jeune léopard, prince assez débonnaire,
Se présente au milieu de nos singes joyeux.
Tout tremble à son aspect. Continuez vos jeux,
Leur dit le léopard, je n'en veux à personne :
Rassurez-vous, j'ai l'âme bonne ;
Et je viens même ici, comme particulier,
A vos plaisirs m'associer.
Jouons, je suis de la partie.
Ah ! monseigneur, quelle bonté !
Quoi ! Votre Altesse veut, quittant sa dignité,
Descendre jusqu'à nous ? — Oui, c'est ma fantaisie.
Mon Altesse eut toujours de la philosophie,
Et sait que tous les animaux
Sont égaux.
Jouons donc, mes amis, jouons, je vous en prie.
Les singes enchantés crurent à ce discours,
Comme l'on y croira toujours.
Toute la troupe joviale
Se remet à jouer : l'un d'entre eux tend la main ;
Le léopard frappe, et soudain
On voit couler du sang sous la griffe royale.
Le singe cette fois devina qui frappait ;
Mais il s'en alla sans le dire.
Ses compagnons faisaient semblant de rire,

Et le léopard seul rinit.
Bientôt chacun s'excuse et s'échappe à la hâte
En se disant entre leurs dents :
Ne jouons point avec les grands,
Le plus doux a toujours des griffes à la patte.

II. — L'INONDATION.

Des laboureurs vivaient paisibles et contents
   Dans un riche et nombreux village ;
Dès l'aurore ils allaient travailler à leurs champs ;
   Le soir ils revenaient chantants
   Au sein d'un tranquille ménage,
   Et la nature bonne et sage
Pour prix de leurs travaux leur donnait tous les ans
   De beaux blés et de beaux enfants.
Mais il faut bien souffrir, c'est notre destinée.
   Or il arriva qu'une année,
   Dans le mois où le blond Phébus
  S'en va faire visite au brûlant Sirius,
   La terre, de sucs épuisée,
   Ouvrant de toutes parts son sein,
   Haletait sous un ciel d'airain.
   Point de pluie et point de rosée.
Sur un sol crevassé l'on voit noircir le grain ;
Les épis sont brûlés, et leurs têtes penchées
   Tombent sur leurs tiges séchées.
   On trembla de mourir de faim :
La commune s'assemble ; en hâte on délibère,
Et chacun, comme à l'ordinaire,
Parle beaucoup et rien ne dit.
Enfin quelques vieillards, gens de sens et d'esprit,
   Proposèrent un parti sage :
Mes amis, dirent-ils, d'ici vous pouvez voir
   Ce mont peu distant du village :
Là se trouve un grand lac, immense réservoir
Des souterraines eaux qui s'y font un passage.
Allez saigner ce lac ; mais sachez ménager
   Un petit nombre de saignées,
Afin qu'à votre gré vous puissiez diriger
Ces bienfaisantes eaux dans vos terres baignées.
Juste quand il faudra nous les arrêterons.
Prenez bien garde au moins... Oui, oui, courons, courons,
   S'écrie aussitôt l'assemblée.
   Et voilà mille jeunes gens
Armés d'hoyaux, de pics et d'autres instruments,
Qui volent vers le lac : la terre est travaillée
Tout autour de ses bords ; on perce en cent endroits
   A la fois :
D'un morceau de terrain chaque ouvrier se charge.
   Courage ! allons ! point de repos !
L'ouverture jamais ne peut être assez large.
Cela fut bientôt fait. Avant la nuit les eaux,
Tombant de tout leur poids sur leur digue affaiblie,
De partout roulent à grands flots.
Transports et compliments de la troupe ébahie,
   Qui s'admire dans ses travaux.
Le lendemain matin ce ne fut pas de même :
On voit flotter les blés sur un océan d'eau ;
Pour sortir du village il faut prendre un bateau ;
Tout est perdu, noyé. La douleur est extrême !
On s'en prend aux vieillards. C'est vous, leur disait-on,
Qui nous coûtez notre moisson ;
Votre maudit conseil... Il était salutaire,
Répondit un d'entre eux ; mais ce qu'on vient de faire
Est fort loin du conseil comme de la raison.
Nous voulions un peu d'eau, vous nous lâchez la bonde,
L'excès d'un très grand bien devient un mal très-grand :
   Le sage arrose doucement,
   L'insensé tout de suite inonde.

III. — LE SANGLIER ET LES ROSSIGNOLS.

   Un homme riche, sot et vain,
Qualités qui parfois marchent de compagnie,
Croyait pour tous les arts avoir un goût divin,
Et pensait que son or lui donnait du génie.
Chaque jour à sa table on voyait réunis
Peintres, sculpteurs, savants, artistes, beaux esprits,
   Qui lui prodiguaient les hommages,
Lui montraient des dessins, lui lisaient des ouvrages,

Écoutaient les conseils qu'il daignait leur donner,
Et l'appelaient Mécène en mangeant son dîner.
Se promenant un soir dans son parc solitaire,
Suivi d'un jardinier, homme instruit et de sens,
Il vit un sanglier qui labourait la terre,
Comme ils font quelquefois pour aiguiser leurs dents.
Autour du sanglier les merles, les fauvettes,
Surtout les rossignols, voltigeant, s'arrêtaient,
Répétaient à l'envi leurs douces chansonnettes
   Et le suivaient toujours chantant.
L'animal écoutait l'harmonieux ramage
Avec la gravité d'un docte connaisseur,
Baissait parfois la hure en signe de faveur,
Ou bien, la secouant, refusait son suffrage.
Qu'est ceci ? dit le financier :
Comment ! les chantres du bocage
Pour leur juge ont choisi cet animal sauvage !
Nenni, répond le jardinier :
De la terre par lui fraîchement labourée
Sont sortis plusieurs vers, excellente curée
Qui seule attire ces oiseaux ;
   Il ne se tiennent à sa suite
Que pour manger ces vermisseaux,
Et l'imbécile croit que c'est pour son mérite.

IV. — LE RHINOCÉROS ET LE DROMADAIRE.

   Un rhinocéros jeune et fort
   Disait un jour au dromadaire :
  Expliquez-moi, s'il vous plaît, mon cher frère,
D'où peut venir pour nous l'injustice du sort.
L'homme, cet animal puissant par son adresse,
Vous recherche avec soin, vous loge, vous chérit,
   De son pain même vous nourrit,
   Et croit augmenter sa richesse
   En multipliant votre espèce.
   Je sais bien que sur votre dos
Vous portez ses enfants, sa femme, ses fardeaux ;
Que vous êtes léger, doux, sobre, infatigable ;
J'en conviens franchement : mais le rhinocéros
   Des mêmes vertus est capable ;
Je crois même, soit dit sans vous mettre en courroux,
   Que tout l'avantage est pour nous ;
   Notre corne et notre cuirasse
  Dans les combats pourraient servir ;
Et cependant l'homme nous chasse,
Nous méprise, nous hait, et nous force à le fuir.
   Ami, répond le dromadaire,
  De notre sort ne soyez point jaloux ;
C'est peu de servir l'homme, il faut encor lui plaire.
Vous êtes étonné qu'il nous préfère à vous ;
Mais de cette faveur voici tout le mystère :
   Nous savons plier les genoux.

V. — LE ROSSIGNOL ET LE PAON.

   L'aimable et tendre Philomèle,
   Voyant commencer les beaux jours,
   Racontait à l'écho fidèle
   Et ses malheurs et ses amours.

   Le plus beau paon du voisinage,
   Maître et sultan de ce canton,
   Élevant la tête et le ton,
   Vint interrompre son ramage.

   C'est bien à toi, chantre ennuyeux,
   Avec un si triste plumage,
   Et ce long bec, et ces gros yeux,
   De vouloir charmer ce bocage !

   A la beauté seule il va bien
   D'oser célébrer la tendresse :
   De quel droit chantes-tu sans cesse ?
   Moi qui suis beau, je ne dis rien.

   Pardon, répondit Philomèle :
   Il est vrai, je ne suis pas belle ;
   Et si je chante dans ce bois
   Je n'ai de titre que ma voix.

Mais vous dont la noble arrogance
M'ordonne de parler plus bas,
Vous vous taisez par impuissance,
Et n'avez que vos seuls appas.

Ils doivent éblouir sans doute;
Est-ce assez pour se faire aimer?
Allez, puisqu'Amour n'y voit goutte,
C'est l'oreille qu'il faut charmer.

VI. — HERCULE AU CIEL.

Lorsque le fils d'Alcmène, après ses longs travaux,
Fut reçu dans le ciel, tous les dieux s'empressèrent
De venir au-devant de ce fameux héros.
Mars, Minerve, Vénus, tendrement l'embrassèrent,
Junon même lui fit un accueil assez doux.
Hercule transporté les remerciait tous,
Quand Plutus, qui voulait être aussi de la fête,
Vint d'un air insolent lui présenter la main.
Le héros irrité passe en tournant la tête.

S'il passait un lapin, d'un air doux et civil
Vite il courait à lui : Mon cousin, disait-il,
J'ai du beau serpolet tout près de ma tanière;
De déjeuner chez moi faites-moi la faveur.
S'il voyait un cheval paître dans la campagne,
Il allait l'aborder : Peut-être monseigneur
A-t-il besoin de boire : au pied de la montagne
Je connais un lac transparent
Qui n'est jamais ridé par le moindre zéphire;
Si monseigneur veut dans l'instant
J'aurai l'honneur de l'y conduire.
Ainsi pour tous les animaux,
Cerfs, moutons, coursiers, daims, taureaux,
Complaisant, empressé, toujours rempli de zèle,
Il voulait de chacun faire un ami fidèle,
Et s'en croyait aimé parce qu'il les aimait.
Certain jour que tranquille en son gîte il dormait,
Le bruit du cor l'éveille, il décampe au plus vite :
Quatre chiens s'élancent après;
Un maudit piqueur les excite,
Et voilà notre lièvre arpentant les guérets.
Il va, tourne, revient, aux mêmes lieux repasse,
Saute, franchit un long espace
Pour dévoyer les chiens, et, prompt comme l'éclair,
Gagne pays, et puis s'arrête :
Assis, les deux pattes en l'air,
L'œil et l'oreille au guet, il élève la tête,
Cherchant s'il ne voit point quelqu'un de ses amis.
Il aperçoit dans des taillis
Un lapin que toujours il traita comme un frère;
Il y court : Par pitié, sauvé moi, lui dit-il;
Donne retraite à ma misère,
Ouvre-moi ton terrier; tu vois l'affreux péril...
Ah! que j'en suis fâché! répond d'un air tranquille
Le lapin : je ne puis t'offrir mon logement;
Ma femme accouche en ce moment;
Sa famille et la mienne ont rempli mon asile :
Je te plains bien sincèrement.
Adieu, mon cher ami. Cela dit, il s'échappe,
Et voici la meute qui jappe.
Le pauvre lièvre part. A quelques pas plus loin
Il rencontre un taureau que cent fois au besoin
Il avait obligé tendrement il le prie
D'arrêter un moment cette meute en furie
Qui de ses cornes aura peur.
Hélas! dit le taureau, ce serait de grand cœur;
Mais des génisses la plus belle
Est seule dans ce bois, je l'entends qui m'appelle,
Et tu ne voudrais pas retarder mon bonheur.
Disant ces mots, il part. Notre lièvre, hors d'haleine,
Implore vainement un daim, un cerf dix cors,
Ses amis les plus sûrs; ils l'écoutent à peine,
Tant ils ont peur du bruit des cors.
Le pauvre infortuné, sans force et sans courage,
Allait se rendre aux chiens quand du milieu du bois
Deux chevreuils reposant sous le même feuillage
Des chasseurs entendent la voix :
L'un d'eux se lève et part : la meute sanguinaire
Quitte le lièvre et court après.
En vain le piqueur en colère
Crie, et jure, et se fâche; à travers les forêts
Le chevreuil emmène la chasse,
Va faire un long circuit, et revient au buisson
Où l'attendait son compagnon,
Qui dans l'instant part à sa place.
Celui-ci fit de même : et pendant tout le jour
Les deux chevreuils lancés et quittés tour à tour
Fatiguent la meute obstinée.
Enfin les chasseurs tout honteux
Prennent le parti de retourner chez eux.
Déjà la retraite est sonnée.
Et les chevreuils rejoints. Le lièvre palpitant
S'approche, et leur raconte, en les félicitant,
Que ses nombreux amis dans ce péril extrême
L'avaient abandonné. Je n'en suis pas surpris,
Répond un des chevreuils : à quoi bon tant d'amis?
Un seul suffit quand il nous aime.

VIII. — LES DEUX BACHELIERS.

Deux jeunes bacheliers logés chez un docteur
Y travaillaient avec ardeur
A se mettre en état de prendre leurs licences.
Là, du matin au soir en public disputant,

Mon fils, lui dit alors Jupin,
Que t'a donc fait ce dieu? D'où vient que la colère
A son aspect trouble tes sens?
— C'est que je le connais, mon père,
Et presque toujours sur la terre
Je l'ai vu l'ami des méchants.

VII. — LE LIÈVRE, SES AMIS, ET LES DEUX CHEVREUILS.

Un lièvre de bon caractère
Voulait avoir beaucoup d'amis.
Beaucoup! me direz-vous, c'est une grande affaire;
Un seul est rare en ce pays.
J'en conviens; mais mon lièvre avait cette marotte
Et ne savait pas qu'Aristote
Disait aux jeunes Grecs à son école admis :
Mes amis, il n'est point d'amis.
Sans cesse il s'occupait d'obliger et de plaire;

Prouvant, divisant, ergotant
　Sur la nature et ses substances,
L'infini, le fini, l'âme, la volonté,
Les sens, le libre arbitre et la nécessité,
Ils en étaient bientôt à ne plus se comprendre :
Même par là souvent l'on dit qu'ils commençaient ;
Mais c'est alors qu'ils se poussaient
Les plus beaux arguments ; qui venait les entendre,
Bouche béante demeurait,
Et leur professeur même en extase admirait.

Une nuit qu'ils dormaient dans le grenier du maître
Sur un grabat commun, voilà mes jeunes gens
　Qui dans un rêve pensent être
　A se disputer sur les bancs.
Je démontre, dit l'un. Je distingue, dit l'autre.
Or, voici mon dilemme. — Ergo, voici le nôtre...
A ces mots nos rêveurs, criants, gesticulants,
Au lieu de s'en tenir aux simples arguments
D'Aristote ou de Scot, soutiennent leur dilemme
　De coups de poing bien assénés
　　Sur le nez.
Tous deux sautent du lit dans une rage extrême,
　Se saisissent par les cheveux,
Tombent et font tomber pêle-mêle avec eux
Tous les meubles qu'ils ont, deux chaises, une table,
Et quatre in-folios écrits sur parchemin.
Le professeur arrive, une chandelle en main,
　A ce tintamarre effroyable :
Le diable est donc ici ! dit-il tout hors de soi :
Comment ! sans y voir clair et sans savoir pourquoi
Vous vous battez ainsi ! Quelle mouche vous pique ?
Nous ne nous battons point, disent-ils ; jugez mieux :
　C'est que nous repassons tous deux
　Nos leçons de métaphysique.

IX. — LE ROI ALPHONSE.

Certain roi qui régnait sur les rives du Tage,
　Et que l'on surnomma le Sage,
　Non parce qu'il était prudent,

Mais parce qu'il était savant
Alphonse, fut surtout un habile astronome.
Il connaissait le ciel bien mieux que son royaume,
　Et quittait souvent son conseil
　Pour la lune ou pour le soleil.
Un soir qu'il retournait à son observatoire,
　Entouré de ses courtisans :
Mes amis, disait-il, enfin j'ai lieu de croire
　Qu'avec mes nouveaux instruments
Je verrai cette nuit des hommes dans la lune.
　Votre majesté les verra,
Répondait-on ; la chose est même trop commune,
　Elle doit voir mieux que cela.
Pendant tous ces discours un pauvre dans la rue
S'approche en demandant humblement, chapeau bas,
Quelques maravédis ; le roi ne l'entend pas,
Et sans le regarder son chemin continue.
Le pauvre suit le roi, toujours tendant la main,
Toujours renouvelant sa prière importune ;
Mais, les yeux vers le ciel, le roi pour tout refrain
Répétait : Je verrai des hommes dans la lune.

　　Enfin le pauvre le saisit
Par son manteau royal, et gravement lui dit :
Ce n'est pas de là-haut, c'est des lieux où nous sommes
Que Dieu vous a fait souverain.
Regardez à vos pieds ; là vous verrez des hommes,
　Et des hommes manquant de pain.

X. — LE RENARD DÉGUISÉ.

Un renard plein d'esprit, d'adresse, de prudence,
A la cour d'un lion servait depuis longtemps ;
　Les succès les plus éclatants
Avaient prouvé son zèle et son intelligence.
Pour peu qu'on l'employât, toute affaire allait bien.
On le louait beaucoup, mais sans lui donner rien :
Et l'habile renard était dans l'indigence.
　Lassé de servir des ingrats,
De réussir toujours sans en être plus gras,
Il s'enfuit de la cour ; dans un bois solitaire

Il s'en va trouver son grand-père,
Vieux renard retiré, qui jadis fut vizir.
Là, contant ses exploits, et puis les injustices,
Les dégoûts qu'il eut à souffrir,
Il demande pourquoi de si nombreux services
N'ont jamais pu rien obtenir.
Le bonhomme renard, avec sa voix cassée,
Lui dit : Mon cher enfant, la semaine passée
Un blaireau, mon cousin, est mort dans ce terrier.
C'est moi qui suis son héritier.
J'ai conservé sa peau ; mets-la dessus la tienne,
Et retourne à la cour. Le renard avec peine
Se soumit au conseil : affublé de la peau
De feu son cousin le blaireau,
Il va se regarder dans l'eau d'une fontaine,
Se trouve l'air d'un sot, tel qu'était le cousin.
Tout honteux, de la cour il reprend le chemin.
Mais quelques mois après, dans un riche équipage,
Entouré de valets, d'esclaves, de flatteurs,
Comblé de dons et de faveurs,
Il vient de sa fortune au vieillard faire hommage.
Il était grand vizir. Je te l'avais bien dit,
S'écrie alors le vieux grand-père ;
Mon ami, chez les grands quiconque voudra plaire
Doit d'abord cacher son esprit.

XI. — LE DERVIS, LA CORNEILLE, ET LE FAUCON.

Un de ces pieux solitaires
Qui, détachant leur cœur des choses d'ici-bas,
Font vœu de renoncer à des biens qu'ils n'ont pas
Pour vivre du bien de leurs frères,
Un dervis en un mot s'en allait mendian
Et priant,
Lorsque les cris plaintifs d'une jeune corneille,
Par des parents cruels laissée en son berceau,
Presque sans plume encor, vinrent à son oreille.
Notre dervis regarde, et voit le pauvre oiseau
Allongeant sur son nid sa tête demi-nue :
Dans l'instant, du haut de la nue
Un faucon descend vers ce nid ;
Et, le bec rempli de pâture,
Il apporte sa nourriture
A l'orpheline qui gémit.
O du puissant Allah providence adorable !
S'écria le dervis : plutôt qu'un innocent
Périsse sans secours, tu rends compatissant
Des oiseaux le moins pitoyable !
Et moi, fils du Très-Haut, je chercherais mon pain !
Non, par le prophète, j'en jure,
Tranquille désormais, je remets mon destin
A celui qui prend soin de toute la nature.
Cela dit, le dervis, couché tout de son long,
Se met à bayer aux corneilles,
De la création admire les merveilles,
De l'univers l'ordre profond.
Le soir vint : notre solitaire
Eut un peu d'appétit en faisant sa prière :
Ce n'est rien, disait-il ; mon souper va venir.
Le souper ne vient point. Allons, il faut dormir,
Ce sera pour demain. Le lendemain l'aurore
Paraît, et point de déjeuner.
Ceci commence à l'étonner ;
Cependant il persiste encore,
Et croit à chaque instant voir venir son dîner.
Personne n'arrivait, la journée est finie,
Et le dervis à jeun voyait d'un œil d'envie
Ce faucon qui venait toujours
Nourrir sa pupille chérie.
Tout à coup il l'entend lui tenir ce discours :
Tant que vous n'avez pu, ma mie,
Pourvoir vous-même à vos besoins,
De vous j'ai pris de tendres soins ;
A présent que vous voilà grande,
Je ne reviendrai plus. Allah nous recommande
Les faibles et les malheureux ;
Mais être faible ou paresseux
C'est une grande différence.
Nous ne recevons l'existence
Qu'afin de travailler pour nous ou pour autrui.
De ce devoir sacré quiconque se dispense
Est puni de la Providence
Par le besoin ou par l'ennui.
Le faucon dit et part. Touché de ce langage,
Le dervis converti reconnait son erreur,
Et, gagnant le premier village,
Se fait valet de laboureur.

XII. — LES ENFANTS ET LES PERDREAUX.

Deux enfants d'un fermier, gentils, espiègles, beaux,
Mais un peu gâtés par leur père,
Cherchant des nids dans leur enclos
Trouvèrent de petits perdreaux
Qui voletaient après leur mère.
Vous jugez de leur joie, et comment mes bambins
A la troupe qui s'éparpille
Vont partout couper les chemins,
Et n'ont pas assez de leurs mains
Pour prendre la pauvre famille.
La perdrix, traînant l'aile, appelait ses petits,
Tourne en vain, voltige, s'approche ;
Déjà mes jeunes étourdis
Ont toute sa couvée en poche.
Ils veulent partager comme de bons amis :
Chacun en garde six, il en reste un treizième :
L'aîné le veut, l'autre le veut aussi.
— Tirons au doigt mouillé. — Parbleu non. — Parbleu si.
— Cède, ou bien tu verras. — Mais tu verras toi-même.
De propos en propos, l'aîné, peu patient,
Jette à la tête de son frère
Le perdreau disputé. Le cadet, en colère,
D'un des siens riposte à l'instant.
L'aîné recommence d'autant,
Et ce jeu qui leur plaît couvre aussitôt la terre
De pauvres perdreaux palpitants.
Le fermier, qui passait en revenant des champs,
Voit ce spectacle sanguinaire,
Accourt, et dit à ses enfants :
Comment donc ! petits rois, vos discordes cruelles
Font que tant d'innocents expirent par vos coups !
De quel droit, s'il vous plaît, dans vos tristes querelles,
Faut-il que l'on meure pour vous ?

XIII. — L'HERMINE, LE CASTOR, ET LE SANGLIER.

Une hermine, un castor, un jeune sanglier,
Cadets de leur famille, et partant sans fortune,
Dans l'espoir d'en acquérir une,
Quittèrent leur forêt, leur étang, leur hallier.
Après un long voyage, après mainte aventure,
Ils arrivent dans un pays
Où s'offrent à leurs yeux ravis
Tous les trésors de la nature.
Des prés, des eaux, des bois, des vergers pleins de fruits.
Nos pèlerins, voyant cette terre chérie,
Éprouvent les mêmes transports
Qu'Enée et ses Troyens en découvrant les bords
Du royaume de Lavinie.
Mais ce riche pays était de toutes parts
Entouré d'un marais de bourbe
Où des serpents et des lézards
Se jouait l'effroyable tourbe.
Il fallait le passer, et nos trois voyageurs
S'arrêtent sur le bord, étonnés et rêveurs.
L'hermine la première avance un peu la patte,
Elle la retire aussitôt,
En arrière elle fait un saut
En disant : Mes amis, fuyons en grande hâte,
Ce lieu, tout beau qu'il est, ne peut nous convenir :
Pour arriver là-bas, il faudrait se salir ;
Et moi je suis si délicate,
Qu'une tache me fait mourir.
Ma sœur, dit le castor, un peu de patience ;
On peut, sans se tacher, quelquefois réussir :
Il faut alors du temps et de l'intelligence ;
Nous avons tout cela : pour moi, qui suis maçon,
Je vais en quinze jours vous bâtir un beau pont
Sur lequel nous pourrons, sans craindre les morsures
De ces vilains serpents, sans gâter nos fourrures,
Arriver au milieu de ce charmant vallon.
Quinze jours ! ce terme est bien long,
Répond le sanglier ; moi j'y serai plus vite :
Vous allez voir comment. En prononçant ces mots
Le voilà qui se précipite
Au plus fort du bourbier, s'y plonge jusqu'au dos,
A travers les serpents, les lézards, les crapauds,

Marche, pousse à son but, arrive plein de boue,
Et là, tandis qu'il se secoue,
Jetant à ses amis un regard de dédain,
Apprenez, leur dit-il, comme on fait son chemin.

XIV. — LA BALANCE DE MINOS.

Minos, ne pouvant plus suffire
Au fatigant métier d'entendre et de juger
Chaque ombre descendue au ténébreux empire,
Imagina, pour abréger,
De faire faire une balance,
Où dans l'un des bassins il mettait à la fois
Cinq ou six morts, dans l'autre un certain poids
Qui déterminait la sentence.
Si le poids s'élevait, alors plus à loisir
Minos examinait l'affaire ;
Si le poids baissait au contraire,
Sans scrupule il faisait punir.
La méthode était sûre, expéditive et claire ;
Minos s'en trouvait bien. Un jour en même temps
Au bord du Styx la mort rassemble
Deux rois, un grand ministre, un héros, trois savants.
Minos les fait peser ensemble :
Le poids s'élève ; il en met deux,
Et puis trois, c'est en vain ; quatre ne font pas mieux.
Minos, un peu surpris, ôte de la balance
Ces inutiles poids, cherche un autre moyen,
Et, près de là voyant un pauvre homme de bien
Qui dans un coin obscur attendait en silence,
Il le met seul en contre-poids :
Les six ombres alors s'élèvent à la fois.

XV. — LE RENARD QUI PRÊCHE.

Un vieux renard cassé, goutteux, apoplectique,
Mais instruit, éloquent, disert,
Et sachant très-bien sa logique,
Se mit à prêcher au désert.
Son style était fleuri, sa morale excellente.
Il prouvait en trois points que la simplicité,
Les bonnes mœurs, la probité,
Donnent à peu de frais cette félicité
Qu'un monde imposteur nous présente,
Et nous fait payer cher sans la donner jamais.
Notre prédicateur n'avait aucun succès ;
Personne ne venait, hors cinq ou six marmottes,
Ou bien quelques biches dévotes
Qui vivaient loin du bruit, sans entour, sans faveur,
Et ne pouvaient pas mettre en crédit l'orateur.
Il prit le bon parti de changer de matière,
Prêcha contre les ours, les tigres, les lions,
Contre leurs appétits gloutons,
Leur soif, leur rage sanguinaire.
Tout le monde accourut alors à ses sermons ;
Cerfs, gazelles, chevreuils, y trouvaient mille charmes ;
L'auditoire sortait toujours baigné de larmes,
Et le nom du renard devint bientôt fameux.
Un lion, roi de la contrée,
Bon homme au demeurant, et vieillard fort pieux,
De l'entendre fut curieux.
Le renard fut charmé de faire son entrée
A la cour ; il arrive, il prêche, et, cette fois,
Se surpassant lui-même, il tonne, il épouvante
Les féroces tyrans des bois,
Peint la faible innocence à leur aspect tremblante,
Implorant chaque jour la justice trop lente
Du maître et du juge des rois.
Les courtisans, surpris de tant de hardiesse,
Se regardaient sans dire rien ;
Car le roi trouvait cela bien.
La nouveauté parfois fait aimer la rudesse.
Au sortir du sermon, le monarque enchanté
Fit venir le renard : Vous avez su me plaire,
Lui dit-il ; vous m'avez montré la vérité :
Je vous dois un juste salaire ;
Que me demandez-vous pour prix de vos leçons?
Le renard répondit : Sire, quelques dindons.

XVI. — LE PAON, LES DEUX OISONS, ET LE PLONGEON.

Un paon faisait la roue, et les autres oiseaux
Admiraient son brillant plumage.
Deux oisons nasillards du fond d'un marécage
Ne remarquaient que ses défauts.
Regarde, disait l'un, comme sa jambe est faite,
Comme ses pieds sont plats, hideux,
Et son cri, disait l'autre, est si mélodieux
Qu'il fait fuir jusqu'à la chouette.
Chacun riait alors du mot qu'il avait dit.
Tout à coup un plongeon sortit :
Messieurs, leur cria-t-il, vous voyez d'une lieue
Ce qui manque à ce paon : c'est bien voir, j'en conviens ;
Mais votre chant, vos pieds, sont plus laids que les siens,
Et vous n'aurez jamais sa queue.

XVII. — LE HIBOU, LE CHAT, L'OISON, ET LE RAT.

De jeunes écoliers avaient pris dans un trou
Un hibou,
Et l'avaient élevé dans la cour du collège.
Un vieux chat, un jeune oison,
Nourris par le portier, étaient en liaison
Avec l'oiseau ; tous trois avaient le privilège
D'aller et de venir par toute la maison.
A force d'être dans la classe,
Ils avaient orné leur esprit,
Savaient par cœur Denys d'Halycarnasse
Et tout ce qu'Hérodote et Tite-Live ont dit.
Un soir, en disputant (des docteurs c'est l'usage),
Ils comparaient entre eux les peuples anciens.
Ma foi, disait le chat, c'est aux Égyptiens
Que je donne le prix : c'était un peuple sage,
Un peuple ami des lois, instruit, discret, pieux,
Rempli de respect pour ses dieux ;
Cela seul à mon gré lui donne l'avantage.
J'aime mieux les Athéniens,
Répondit le hibou : que d'esprit! que de grâce!
Et dans les combats quelle audace !
Que d'aimables héros parmi leurs citoyens !
A-t-on jamais plus fait avec moins de moyens?
Des nations c'est la première.
Parbleu ! dit l'oison en colère,
Messieurs, je vous trouve plaisants :
Et les Romains, que vous en semble?
Est-il un peuple qui rassemble
Plus de grandeur, de gloire, et de faits éclatants ?
Dans les arts, comme dans la guerre,
Ils ont surpassé vos amis.
Pour moi, ce sont mes favoris :
Tout doit céder le pas aux vainqueurs de la terre.
Chacun des trois pédants s'obstine en son avis,
Quand un rat, qui de loin entendait la dispute,
Rat savant, qui mangeait des thèmes dans sa hutte,
Leur cria : Je vois bien d'où viennent vos débats,
L'Égypte vénérait les chats,
Athènes les hiboux, et Rome, au Capitole,
Aux dépens de l'État nourrissait des oisons :
Ainsi notre intérêt est toujours la boussole
Que suivent nos opinions.

XVIII. — LE PARRICIDE.

Un fils avait tué son père.
Ce crime affreux n'arrive guère
Chez les tigres, les ours ; mais l'homme le commet.
Ce parricide eut l'art de cacher son forfait,
Nul ne le soupçonna : farouche et solitaire,
Il fuyait les humains et vivait dans les bois,
Espérant échapper aux remords comme aux lois.
Certain jour on le vit détruire à coups de pierre
Un malheureux nid de moineaux.
Eh ! que vous ont fait ces oiseaux ?
Lui demande un passant : pourquoi tant de colère?
Ce qu'ils m'ont fait? répond le criminel :
Ces oisillons menteurs, que confonde le ciel,
Me reprochent d'avoir assassiné mon père.
Le passant le regarde : il se trouble, il pâlit,
Sur son front son crime se lit :
Conduit devant le juge, il l'avoue et l'expie.

O des vertus dernière amie,
Toi qu'on voudrait en vain éviter ou tromper,
Conscience terrible, on ne peut t'échapper !

XIX. — L'AMOUR ET SA MÈRE.

Quand la belle Vénus, sortant du sein des mers,
Promena ses regards sur la plaine profonde,
Elle se crut d'abord seule dans l'univers :
Mais près d'elle aussitôt l'Amour naquit de l'onde.
Vénus lui fit un signe, il embrassa Vénus ;
Et, se reconnaissant sans s'être jamais vus,
Tous deux sur un dauphin voguèrent vers la plage.
    Comme ils approchaient du rivage,
L'Amour qu'elle portait s'échappe de ses bras,
Et lance plusieurs traits en criant : Terre ! terre !
Que faites-vous, mon fils ? lui dit alors sa mère.
Maman, répondit-il, j'entre dans mes Etats.

XX. — LE PERROQUET CONFIANT.

« Cela ne sera rien, » disent certaines gens
    Lorsque la tempête est prochaine,
Pourquoi nous affliger avant que le mal vienne ?
Pourquoi ? Pour l'éviter s'il en est encor temps.

    Un capitaine de navire,
    Fort brave homme, mais peu prudent,
    Se mit en mer malgré le vent.
    Le pilote avait beau lui dire
    Qu'il risquait sa vie et son bien,
    Notre homme ne faisait qu'en rire,
Et répétait toujours : *Cela ne sera rien.*
    Un perroquet de l'équipage,
    A force d'entendre ces mots,
Les retint, et les dit pendant tout le voyage.
Le navire égaré voguait au gré des flots,
    Quand un calme plat vous l'arrête.
    Les vivres tiraient à leur fin ;
Point de terre voisine, et bientôt plus de pain.
Chacun des passagers s'attriste, s'inquiète ;
    Notre capitaine se tait.
Cela ne sera rien, criait le perroquet.

Le calme continue ; on vit vaille que vaille,
    Il ne reste plus de volaille :
On mange les oiseaux, triste et dernier moyen !
Perruches, cardinaux, catakois, tout y passe ;
    Le perroquet, la tête basse,
Disait plus doucement : *Cela ne sera rien.*
Il pouvait encor fuir, sa cage était trouée ;
Il attendit, il fut étranglé bel et bien,
Et, mourant, il criait d'une voix enrouée :
    Cela... cela ne sera rien.

XXI. — L'AIGLE ET LA COLOMBE.

A madame de Montesson.

O vous qui sans esprit plairiez par vos attraits,
Et de qui l'esprit seul suffirait pour séduire,
Vous qui du blond Phébus savez toucher la lyre,
    Et de l'Amour lancer les traits,
    Toute louable que vous êtes,
Je ne vous louerai point ; allez, rassurez-vous :
    Ce serait vous mettre en courroux,
Je le sais ; cependant les belles, les poëtes,
Aiment assez l'encens ; vous êtes tout cela,
Et vous ne l'aimez point : j'en resterai donc là ;
    Mais ne vous fâchez pas si j'ose
Parler toujours de vous en parlant d'autre chose.
Un aigle, fils des rois de l'empire de l'air,
    Sur le soleil fixant sa vue,
Ne vivait, ne planait qu'au delà de la nue,
Et ne se reposait qu'aux pieds de Jupiter.
Cet aigle s'ennuyait ; le soleil et l'Olympe,
    Lorsque sans cesse l'on y grimpe,
    Finissent par être ennuyeux.
    Notre aigle donc, lassé des cieux,
Descend sur un rocher. Près de lui vient se rendre
Une blanche colombe aux yeux doux, à l'air tendre,
Et dont le seul aspect faisait passer au cœur
Ce calme qui toujours annonce le bonheur.
L'aigle s'approche d'elle, et, plein de confiance,
    Lui raconte son déplaisir.
La colombe répond : Petite est ma science ;
Mais je crois cependant que je peux vous guérir ;
    Daignez me suivre dans la plaine.
Elle dit, l'aigle part. La colombe le mène
Dans les vallons fleuris, au bord des clairs ruisseaux,
    Lui montre mille objets nouveaux,
    Le fait reposer sous l'ombrage,
Ensuite le conduit sur de riants coteaux,
    Et puis le ramène au bocage,
    Où du rossignol le ramage
    Faisait retentir les échos :
    Ce n'est tout, elle sait encore
Doubler chaque plaisir de son royal amant
    Par le charme du sentiment.
De plus en plus l'aigle l'adore :
Bientôt ils s'unissent tous deux ;
    Leur félicité s'en augmente ;
Et, lorsque notre aigle amoureux
Voulait remercier son épouse charmante
D'avoir enfin trouvé l'art de le rendre heureux,
    Il lui disait d'une voix attendrie :
    Le bonheur n'est pas dans les cieux ;
    Il est près d'une bonne amie.

XXII. — LE LION ET LE LÉOPARD.

Un valeureux lion, roi d'une immense plaine,
Désirait de la terre une plus grande part,
Et voulait conquérir une forêt prochaine,
    Héritage d'un léopard.
L'attaquer n'était pas chose bien difficile ;
Mais le lion craignait les panthères, les ours
Qui se trouvaient placés juste entre les deux cours ;
Voici comment s'y prit notre monarque habile.
Au jeune léopard, sous prétexte d'honneur,
    Il députe un ambassadeur :
C'était un vieux renard. Admis à l'audience,
Du jeune roi d'abord il vante la prudence,
Son amour pour la paix, sa bonté, sa douceur,
    Sa justice et sa bienfaisance ;
Puis au nom du lion propose une alliance
    Pour exterminer tout voisin

Qui méconnaîtra leur puissance.
Le léopard accepte ; et dès le lendemain
　　Nos deux héros, sur leurs frontières,
Mangent à qui mieux mieux les ours et les panthères :
Cela fut bientôt fait ; mais quand les rois amis,
　　Partageant le pays conquis,
　　Fixèrent leurs bornes nouvelles,
　　Il s'éleva quelques querelles :
Le léopard lésé se plaignit du lion ;
　　Celui-ci montra sa denture
　　Pour prouver qu'il avait raison.
Bref, on en vint aux coups. La fin de l'aventure
　　Fut le trépas du léopard ;
　　Il apprit alors un peu tard
　　Que contre les lions les meilleures barrières
Sont les petits États des ours et des panthères.

LIVRE QUATRIÈME.

I. — LE SAVANT ET LE FERMIER.

Que j'aime les héros dont je conte l'histoire !
Et qu'à m'occuper d'eux je trouve de douceur !
J'ignore s'ils pourront m'acquérir de la gloire,
　　Mais je sais qu'ils font mon bonheur.
Avec les animaux je veux passer ma vie ;
　　Ils sont si bonne compagnie !
Je conviens cependant, et c'est avec douleur,
　　Que tous n'ont pas le même cœur.
Plusieurs, que l'on connaît sans qu'ici je les nomme,
　　De nos vices ont bonne part ;
Mais je les trouve encor moins dangereux que l'homme,
　　Et, fripon pour fripon, je préfère un renard.
　　C'est ainsi que pensait un sage,
　　Un bon fermier de mon pays.
Depuis quatre-vingts ans, de tout le voisinage,
On venait écouter et suivre ses avis.
Chaque mot qu'il disait était une sentence.
　　Son exemple surtout aidait son éloquence ;
Et lorsqu'environné de ses quarante enfants,
　　Fils, petits-fils, brus, gendres, filles,
Il jugeait les procès ou réglait les familles,
Nul n'eût osé mentir devant ses cheveux blancs.
Je me souviens qu'un jour dans son champêtre asile
　　Il vint un savant de la ville
Qui dit au bon vieillard : Mon père, enseignez-moi
Dans quel auteur, dans quel ouvrage
　　Vous apprîtes l'art d'être sage.
Chez quelle nation, à la cour de quel roi,
　　Avez-vous été, comme Ulysse,
　　Prendre des leçons de justice ?
Suivez-vous de Zénon la rigoureuse loi ?
Avez-vous embrassé la secte d'Épicure,
Celle de Pythagore ou du divin Platon ?
De tous ces messieurs-là je ne sais pas le nom,
Répondit le vieillard : mon livre est la nature,
　　Et mon unique précepteur
　　　　C'est mon cœur.
Je vois les animaux, j'y trouve le modèle
　　Des vertus que je dois chérir :
La colombe m'apprit à devenir fidèle ;
En voyant la fourmi j'amassai pour jouir ;
　　Mes bœufs m'enseignent la constance,
Mes brebis la douceur, mes chiens la vigilance ;
　　Et si j'avais besoin d'avis
　　Pour aimer mes filles, mes fils,
La poule et ses poussins me serviraient d'exemple.
Ainsi dans l'univers tout ce que je contemple
M'avertit d'un devoir qu'il m'est doux de remplir.
Je fais souvent du bien pour avoir du plaisir,
J'aime et je suis aimé, mon âme est tendre et pure ;
　　Et toujours selon ma mesure
　　Ma raison sait régler mes vœux ;
　　J'observe et je suis la nature :
　　C'est mon secret pour être heureux.

II. — L'ÉCUREUIL, LE CHIEN, ET LE RENARD.

Un gentil écureuil était le camarade,
　　Le tendre ami d'un beau danois.
Un jour qu'ils voyageaient comme Oreste et Pylade,
　　La nuit les surprit dans un bois.
En ce lieu point d'auberge ; ils eurent de la peine
　　A trouver où se bien coucher.
Enfin, le chien se mit dans le creux d'un vieux chêne,
Et l'écureuil plus haut grimpa pour se nicher.
　　Vers minuit, c'est l'heure des crimes,
　　Longtemps après que nos amis
En se disant bonsoir se furent endormis,
　　Voici qu'un vieux renard, affamé de victimes,
Arrive au pied de l'arbre, et, levant le museau,
　　Voit l'écureuil sur un rameau.
Il le mange des yeux, humecte de sa langue
Ses lèvres, qui de sang brûlent de s'abreuver.
Mais jusqu'à l'écureuil il ne peut arriver ;
　　Il faut donc par une harangue
L'engager à descendre, et voici son discours :
　　Ami, pardonnez, je vous prie,
Si de votre sommeil j'ose troubler le cours ;
Mais le pieux transport dont mon âme est remplie
Ne peut se contenir : je suis votre cousin
　　　　Germain ;
Votre mère était sœur de feu mon digne père.
Cet honnête homme, hélas ! à son heure dernière
M'a tant recommandé de chercher son neveu
　　Pour lui donner moitié du peu
Qu'il m'a laissé de bien ! Venez donc, mon cher frère,
　　Venez par un embrassement
Combler le doux plaisir que mon âme ressent.
Si je pouvais monter jusqu'aux lieux où vous êtes,
Oh ! j'y serais déjà, soyez-en bien certain.
　　Les écureuils ne sont pas bêtes,
　　Et le mien était fort malin.
　　Il reconnaît le patelin,
Et répond d'un ton doux : Je meurs d'impatience
　　De vous embrasser, mon cousin ;
Je descends ; mais, pour mieux lier la connaissance,
Je veux vous présenter mon plus fidèle ami,
Un parent qui prit soin de nourrir mon enfance.
Il dort dans ce trou-là : frappez un peu ; je pense
Que vous serez charmé de le connaître aussi.
　　Aussitôt maître renard frappe,
Croyant en manger deux : mais le fidèle chien
　　S'élance de l'arbre, le happe,
　　Et vous l'étrangle bel et bien.

Ceci prouve deux points : d'abord qu'il est utile
Dans la douce amitié de placer son bonheur,
Puis qu'avec de l'esprit il est souvent facile
Au piège qu'il nous tend de surprendre un trompeur.

III. — LE PERROQUET.

Un gros perroquet gris, échappé de sa cage,
　　Vint s'établir dans un bocage ;
Et là, prenant le ton de nos faux connaisseurs,
　　Jugeant tout, blâmant tout d'un air de suffisance,
Au chant du rossignol il trouvait des longueurs,
　　Critiquait surtout sa cadence.
Le linot, selon lui, ne savait pas chanter ;
La fauvette aurait fait quelque chose peut-être
　　Si de bonne heure il eût été son maître,
　　Et qu'elle eût voulu profiter.
Enfin aucun oiseau n'avait l'art de lui plaire.
Et dès qu'ils commençaient leurs joyeuses chansons,
Par des coups de sifflet répondant à leurs sons,
　　Le perroquet les faisait taire.
Lassés de tant d'affronts, tous les oiseaux du bois
Viennent lui dire un jour : Mais parlez donc, beau sire,
Vous qui sifflez toujours, faites qu'on vous admire ;
Sans doute vous avez une brillante voix,
　　Daignez chanter pour nous instruire.
　　Le perroquet, dans l'embarras,
Se gratte un peu la tête, et finit par leur dire :
Messieurs, je siffle bien, mais je ne chante pas.

IV. — L'HABIT D'ARLEQUIN.

Vous connaissez ce quai nommé de la Ferraille,
Où l'on vend des oiseaux, des hommes et des fleurs.
A mes fables souvent c'est là que je travaille ;
J'y vois des animaux et j'observe leurs mœurs.
Un jour de mardi-gras j'étais à la fenêtre
D'un oiseleur de mes amis,
Quand sur le quai je vis paraître
Un petit arlequin leste, bien fait, bien mis,
Qui, la batte à la main, d'une grâce légère,
Courait après un masque en habit de bergère.
Le peuple applaudissait par des ris, par des cris.
Tout près de moi, dans une cage,
Trois oiseaux étrangers de différent plumage,
Perruche, cardinal, serin,
Regardaient aussi l'arlequin,
La perruche disait : J'aime peu son visage ;
Mais son charmant habit n'eut jamais son égal ;
Il est d'un si beau vert ! Vert ! dit le cardinal :
Vous n'y voyez donc pas, ma chère ?
L'habit est rouge assurément ;
Voilà ce qui le rend charmant.
Oh ! pour celui-là, mon compère,
Répondit le serin, vous n'avez pas raison,
L'habit est jaune citron ;
Et c'est ce jaune-là qui fait tout son mérite.
— Il est vert. — Il est jaune. — Il est rouge, morbleu !
Interrompt chacun avec feu ;
Et déjà le trio s'irrite.
Amis, apaisez-vous, leur crie un bon pivert ;
L'habit est jaune, rouge et vert.
Cela vous surprend fort ; voici tout le mystère :
Ainsi que bien des gens d'esprit et de savoir,
Mais qui d'un seul côté regardent une affaire,
Chacun de vous ne veut y voir
Que la couleur qui sait lui plaire.

V. — LE HIBOU ET LE PIGEON.

Que mon sort est affreux ! s'écriait un hibou :
Vieux, infirme, souffrant, accablé de misère,
Je suis isolé sur la terre,
Et jamais un oiseau n'est venu dans mon trou
Consoler un moment ma douleur solitaire.
Un pigeon entendit ces mots,
Et courut auprès du malade ;
Hélas ! mon pauvre camarade,
Lui dit-il, je plains bien vos maux ;
Mais je ne comprends pas qu'un hibou de votre âge
Soit sans épouse, sans parents,
Sans enfants ou petits-enfants.
N'avez-vous point serré les nœuds du mariage
Pendant le cours de vos beaux ans ?
Le hibou répondit : Non, vraiment, mon cher frère,
Me marier ! et pourquoi faire ?
J'en connaissais trop le danger.
Vouliez-vous que je prisse une jeune chouette
Bien étourdie et bien coquette,
Qui me trahit sans cesse ou me fît enrager ;
Qui me donnât des fils d'un méchant caractère,
Ingrats, menteurs, mauvais sujets,
Désirant en secret le trépas de leur père ?
Car c'est ainsi qu'ils sont tous faits,
Pour des parents, je n'en ai guère,
Et ne les vis jamais : ils sont durs, exigeants,
Pour le moindre sujet s'irritent,
N'aiment que ceux dont ils héritent ;
Encor ne faut-il pas qu'ils attendent longtemps.
Tout frère ou tout cousin nous déteste et nous pille.
Je ne suis pas de votre avis,
Répondit le pigeon. Mais parlons des amis :
Des orphelins c'est la famille ;
Vous avez dû près d'eux trouver quelques douceurs ?
— Les amis ! ils sont tous trompeurs.
J'ai connu deux hiboux qui tendrement s'aimèrent
Pendant quinze ans, et certain jour
Pour une souris s'égorgèrent.
Je crois à l'amitié moins encor qu'à l'amour.
— Mais ainsi, Dieu me le pardonne !
Vous n'avez donc aimé personne ?
— Ma foi non, soit dit entre nous.
— En ce cas-là, mon cher, de quoi vous plaignez-vous ?

VI. — LA VIPÈRE ET LA SANGSUE.

La vipère disait un jour à la sangsue :
Que notre sort est différent !
On vous cherche, on me fuit ; si l'on peut on me tue ;
Et vous, aussitôt qu'on vous prend,
Loin de craindre votre blessure,
L'homme vous donne de son sang
Une ample et bonne nourriture :
Cependant vous et moi faisons même piqûre.
La citoyenne de l'étang
Répond : Oh ! que nenni, ma chère :
La vôtre fait du mal, la mienne est salutaire :
Par moi plus d'un malade obtient sa guérison ;
Par vous tout homme sain trouve une mort cruelle.
Entre nous deux, je crois, la différence est belle :
Je suis remède et vous poison.

Cette fable aisément s'explique :
C'est la satire et la critique.

VII. — LE PACHA ET LE DERVIS.

Un Arabe à Marseille autrefois m'a conté
Qu'un pacha turc dans sa patrie
Vint porter certain jour un coffret cacheté
Au plus sage dervis qui fût en Arabie.
Ce coffret, lui dit-il, renferme des rubis,
Des diamants d'un très-grand prix :
C'est un présent que je veux faire
A l'homme que tu jugeras
Etre le plus fou de la terre.
Cherche bien, tu le trouveras.
Muni de son coffret, notre bon solitaire
S'en va courir le monde. Avait-il donc besoin
D'aller loin ?
L'embarras de choisir était sa grande affaire :
Des fous toujours plus fous venaient de toutes parts
Se présenter à ses regards.
Notre pauvre dépositaire
Pour l'offrir à chacun saisissait le coffret ;
Mais un pressentiment secret
Lui conseillait de n'en rien faire,
L'assurait qu'il trouverait mieux.
Errant ainsi de lieux en lieux,
Embarrassé de son message,
Enfin, après un long voyage,
Notre homme et le coffret arrivent un matin
Dans la ville de Constantin.
Il trouve tout le peuple en joie :
Que s'est-il donc passé ? Rien, lui dit un iman,
C'est notre grand vizir que le sultan envoie,
Au moyen d'un lacet de soie,
Porter au prophète un firman.
Le peuple rit toujours de ces sortes d'affaires,
Et, comme ce sont des misères,
Notre empereur souvent lui donne ce plaisir.
— Souvent ? — Oui. — C'est fort bien. Votre nouveau vizir
Est-il nommé ? — Sans doute, et le voilà qui passe.
Le dervis à ces mots court, traverse la place,
Arrive, et reconnaît le pacha son ami.
Bon ! le voilà ! dit celui-ci ;
Et le coffret ? — Seigneur, j'ai parcouru l'Asie ;
J'ai vu des fous parfaits, mais sans oser choisir.
Aujourd'hui ma course est finie ;
Daignez l'accepter, grand vizir.

VIII. — LE LABOUREUR DE CASTILLE.

Le plus aimé des rois est toujours le plus fort.
En vain la fortune l'accable ;
En vain mille ennemis, ligués avec le sort,
Semblent lui présager sa perte inévitable :
L'amour de ses sujets, colonne inébranlable,
Rend inutile leur effort.
Le petit-fils d'un roi, grand par son malheur même,
Philippe, sans argent, sans troupes, sans crédit,
Chassé par l'Anglais de Madrid,
Croyait perdu son diadème.

Il fuyait presque seul, déplorant son malheur :
Tout à coup à ses yeux s'offre un vieux laboureur,
Homme franc, simple et droit, aimant plus que sa vie
Ses enfants et son roi, sa femme et sa patrie,
Parlant peu de vertu, la pratiquant beaucoup,
Riche, et pourtant aimé, cité dans les Castilles
  Comme l'exemple des familles.
    Son habit, filé par ses filles,
    Était ceint d'une peau de loup.
Sous un chapeau, sa tête bien à l'aise
Faisait voir des yeux vifs et des traits basanés,
  Et ses moustaches de son nez
  Descendaient jusque sur sa fraise.
Douze fils le suivaient, tous grands, beaux, vigoureux.
Un mulet chargé d'or était au milieu d'eux.
Cet homme, dans cet équipage,
Devant le roi s'arrête, et lui dit : Où vas-tu ?
  Un revers t'a-t-il abattu ?
Vainement l'archiduc a sur toi l'avantage ;
C'est toi qui régneras ; car c'est toi qu'on chérit.
Qu'importe qu'on t'ait pris Madrid ?
Notre amour t'est resté, nos corps sont tes murailles ;
Nous péririons pour toi dans les champs de l'honneur.
    Le hasard gagne les batailles ;
Mais il faut des vertus pour gagner notre cœur.
Tu l'as, tu régneras. Notre argent, notre vie,
Tout est à toi, prends tout. Grâces à quarante ans
  De travail et d'économie,
Je peux t'offrir cet or. Voici mes douze enfants,
Voilà douze soldats ; malgré mes cheveux blancs,
Je ferai le treizième ; et, la guerre finie,
Lorsque tes généraux, tes officiers, tes grands,
Viendront te demander, pour prix de leur service,
  Des biens, des honneurs, des rubans,
Nous ne demanderons que repos et justice :
C'est tout ce qu'il nous faut. Nous autres, pauvres gens,
Nous fournissons au roi du sang et des richesses ;
    Mais, loin de briguer ses largesses,
    Moins il donne et plus nous l'aimons.
Quand tu seras heureux nous fuirons ta présence,
    Nous te bénirons en silence :
    On t'a vaincu, nous te cherchons.
Il dit, tombe à genoux : d'une main paternelle
Philippe le relève en poussant des sanglots ;
Il presse dans ses bras ce sujet si fidèle,
Veut parler, et les pleurs interrompent ses mots.
    Bientôt, selon la prophétie
    Du bon vieillard, Philippe fut vainqueur,
    Et sur le trône d'Ibérie
    N'oublia point le laboureur.

IX. — LA FAUVETTE ET LE ROSSIGNOL.

  Une fauvette, dont la voix
Enchantait les échos par sa douceur extrême,
Espéra surpasser le rossignol lui-même,
Et lui fit un défi. L'on choisit dans le bois
Un juge propre au combat : les juges se placèrent ;
    C'étaient le linot, le serin,
    Le rouge-gorge et le tarin.
Tous les autres oiseaux derrière eux se perchèrent.
Deux vieux chardonnerets et deux jeunes pinsons
Furent gardes du camp ; le merle était trompette.
Il donne le signal. Aussitôt le fauvette
    Fait entendre les plus doux sons ;
    Avec adresse elle varie
De ses accents filés la touchante harmonie,
Et ravit tous les cœurs par ses tendres chansons.
L'assemblée applaudit. Bientôt on fait silence ;
    Alors le rossignol commence ;
    Trois accords purs, égaux, brillants,
Que termine une juste et parfaite cadence,
    Sont le prélude de ses chants ;
    Ensuite son gosier flexible,
Parcourant sans effort tous les tons de sa voix,
Tantôt vif et pressé, tantôt lent et sensible,
Étonne et ravit à la fois.
Les juges cependant demeuraient en balance ;
Le linot, le serin, de la fauvette amis,
Ne voulaient point donner de prix ;
Les autres disputaient. L'assemblée en silence
Écoutait leurs doctes avis,
Lorsqu'un geai s'écria : Victoire à la fauvette !
Ce mot décida sa défaite :

Pour le rossignol aussitôt
L'aréopage ailé tout d'une voix s'explique,
  Ainsi le suffrage d'un sot
  Fait plus de mal que sa critique.

X. — L'AVARE ET SON FILS.

  Par je ne sais quelle aventure
Un avare, un beau jour voulant se bien traiter,
    Au marché courut acheter
    Des pommes pour sa nourriture.
    Dans son armoire il les porta,
    Les compta, rangea, recompta,
Ferma les doubles tours de sa double serrure,
    Et chaque jour les visita.
    Ce malheureux, dans sa folie,
    Les bonnes pommes ménageait ;
Mais lorsqu'il en trouvait quelqu'une de pourrie
    En soupirant il la mangeait.
Son fils, jeune écolier, faisant fort maigre chère,
Découvrit à la fin les pommes de son père.
Il attrape les clefs, et va dans ce réduit,
Suivi de deux amis d'excellent appétit.
Or vous pouvez juger le dégât qu'ils y firent,
    Et combien de pommes périrent !
L'avare arrive en ce moment ;
    De douleur, d'effroi palpitant :
Mes pommes ! criait-il : coquins, il faut les rendre,
    Où je vais tous vous faire pendre.
Mon père, dit le fils, calmez-vous, s'il vous plaît ;
    Nous sommes d'honnêtes personnes :
    Et quel tort vous avons-nous fait ?
    Nous n'avons mangé que les bonnes.

XI. — LE COURTISAN ET LE DIEU PROTÉE.

  On en veut trop aux courtisans.
On va criant partout qu'à l'État inutiles,
Pour leur seul intérêt ils se montrent habiles.
  Ce sont discours de médisants.

J'ai lu je ne sais où qu'autrefois en Syrie
Ce fut un courtisan qui sauva sa patrie.
    Voici comment. Dans le pays
    La peste avait été portée,
Et ne devait cesser que quand le dieu Protée
    Dirait là-dessus son avis.
Ce dieu, comme l'on sait, n'est pas facile à vivre ;
Pour le faire parler il faut longtemps le suivre,
    Près de son antre l'épier,
    Le surprendre, et puis le lier
    Malgré la figure effrayante
    Qu'il prend et quitte à volonté.
Certain vieux courtisan, par le roi député,
Devant le dieu marin tout à coup se présente.
Celui-ci, surpris, irrité,
Se change en noir serpent : sa gueule empoisonnée
Lance et retire un dard messager du trépas.
Tandis que dans sa marche oblique et détournée
Il glisse sur lui-même, et d'un pli fait un pas.
Le courtisan sourit : Je connais cette allure,
Dit-il, et mieux que toi je sais mordre et ramper.
  Il court alors pour l'attraper :
  Le dieu change de figure :
Il devient tour à tour loup, singe, lynx, renard.
  Tu veux me vaincre dans mon art,
Disait le courtisan : mais depuis mon enfance,
Plus que ces animaux avide, adroit, rusé,
Chacun de ces tours-là pour moi se trouve usé.
Changer d'habit, de mœurs, même de conscience,
Je ne vois rien là que d'aisé.
Lors il saisit le dieu, le lie,
Arrache son oracle, et retourne vainqueur.

  Ce trait nous prouve, ami lecteur,
Combien un courtisan peut servir la patrie.

XII. — LA GUENON, LE SINGE ET LA NOIX.

  Une jeune guenon cueillit
  Une noix dans sa coque verte ;
Elle y porte la dent, fait la grimace... Ah ! certe,
  Dit-elle, ma mère mentit

Quand elle m'assura que les noix étaient bonnes.
Puis croyez aux discours de ces vieilles personnes,
Qui trompent la jeunesse ! Au diable soit le fruit !
Elle jette la noix. Un singe la ramasse,
 Vite entre deux cailloux la casse,
 L'épluche, la mange, et lui dit :
 Votre mère eut raison, ma mie,
Les noix ont fort bon goût, mais il faut les ouvrir.
 Souvenez-vous que, dans la vie,
Sans un peu de travail on n'a point de plaisir.

XIII. — LE LAPIN ET LA SARCELLE.

 Unis dès leurs jeunes ans
 D'une amitié fraternelle,
 Un lapin, une sarcelle
 Vivaient heureux et contents.

Le terrier du lapin était sur la lisière
 D'un parc bordé d'une rivière.
 Soir et matin nos bons amis,
 Profitant de ce voisinage,
Tantôt au bord de l'eau, tantôt sous le feuillage,
 L'un chez l'autre étaient réunis.
Là, prenant leurs repas, se contant des nouvelles,
Ils n'en trouvaient point de si belles
Que de se répéter qu'ils s'aimeraient toujours.
Ce sujet revenait sans cesse en leurs discours.
Tout était en commun, plaisir, chagrin, souffrance,
Ce qui manquait à l'un l'autre le regrettait ;
Si l'un avait du mal, son ami le sentait ;
Si d'un bien au contraire il goûtait l'espérance,
 Tous deux en jouissaient d'avance.
Tel était leur destin lorsqu'un jour, jour affreux !
 Le lapin, pour dîner venant chez la sarcelle,
Ne la retrouve plus : inquiet, il l'appelle ;
 Personne ne répond à ses cris douloureux.
Le lapin, de frayeur l'âme toute saisie,
Va, vient, fait mille tours, cherche dans les roseaux,
 S'incline par-dessus les flots,
Et voudrait s'y plonger pour trouver son amie.

Hélas ! s'écriait-il, m'entends-tu ! réponds-moi,
 Ma sœur, ma compagne chérie ;
 Ne prolonge pas mon effroi :
Encor quelques moments, c'en est fait de ma vie :
J'aime mieux expirer que de trembler pour toi.
 Disant ces mots, il court, il pleure,
Et, s'avançant le long de l'eau,
 Arrive enfin près du château
 Où le seigneur du lieu demeure.
 Là notre désolé lapin
 Se trouve au milieu d'un parterre,
 Et voit une grande volière
Où mille oiseaux divers volaient sur un bassin.
 L'amitié donne du courage :
Notre ami sans rien craindre approche du grillage,
Regarde, et reconnaît... ô tendresse ! ô bonheur !
La sarcelle : aussitôt il pousse un cri de joie ;
Et, sans perdre de temps à consoler sa sœur,
 De ses quatre pieds il s'emploie
 A creuser un secret chemin
Pour joindre son amie, et par ce souterrain
Le lapin tout à coup entre dans la volière
Comme un mineur qui prend une place de guerre.
Les oiseaux effrayés se pressent en fuyant.
Lui court à la sarcelle, il l'entraîne à l'instant
Dans son obscur sentier, la conduit sous la terre,
Et, la rendant au jour, il est prêt à mourir
 De plaisir.
Quel moment pour tous deux ! Que ne sais-je le peindre
 Comme je saurais le sentir !
Nos bons amis croyaient n'avoir plus rien à craindre ;
Ils n'étaient pas au bout. Le maître du jardin,
En voyant le dégât commis dans sa volière,
Jure d'exterminer jusqu'au dernier lapin.
Mes fusils, mes furets ! criait-il en colère.
 Aussitôt fusils et furets
 Sont tout prêts.
Les gardes et les chiens vont dans les jeunes tailles,
 Fouillant les terriers, les broussailles ;
Tout lapin qui paraît trouve un affreux trépas :
Les rivages du Styx sont bordés de leurs mânes ;
 Dans le funeste jour de Cannes,
 On mit moins de Romains à bas.
La nuit vient ; tant de sang n'a pu point éteint la rage
Du seigneur, qui remet au lendemain matin
 La fin de l'horrible carnage.
 Pendant ce temps notre lapin,
Tapi sous des roseaux, auprès de la sarcelle
 Attendait en tremblant la mort,
Mais conjurait sa sœur de fuir à l'autre bord
Pour ne pas mourir devant elle.
Je ne te quitte point, lui répondait l'oiseau ;
Nous séparer serait la mort la plus cruelle.
 Ah ! si tu pouvais passer l'eau !
Pourquoi pas ? Attends-moi. . La sarcelle le quitte,
 Et revient traînant un vieux nid
Laissé par des canards ; elle l'emplit bien vite
De feuilles de roseau, les presse, les unit
Des pieds, du bec, en forme un batelet capable
 De supporter un lourd fardeau ;
 Puis elle attache à ce vaisseau
Un brin de jonc qui servira de câble.
 Cela fait, et le bâtiment
Mis à l'eau, le lapin entre tout doucement
Dans le léger esquif, s'assied sur son derrière,
Tandis que devant lui la sarcelle nageant
Tire le brin de jonc, et s'en va dirigeant
Cette nef à son cœur si chère.
On aborde, on débarque, et jugez du plaisir !
Non loin du port on va choisir
Un asile où, coulant des jours dignes d'envie,
 Nos bons amis, libres, heureux,
 Aimèrent d'autant plus la vie
Qu'ils se la devaient tous les deux.

XIV. — PAN ET LA FORTUNE.

Un jeune grand seigneur à des jeux de hasard
 Avait perdu sa dernière pistole,
 Et puis joué sur sa parole ;
 Il fallait payer sans retard :
 Les dettes du jeu sont sacrées.
 On peut faire attendre un marchand,
 Un ouvrier, un indigent,

Qui nous a fourni ses denrées,
Mais un escroc! l'honneur veut qu'au même moment
On le paye et très-poliment :
La loi par eux fut ainsi faite.
Notre jeune seigneur, pour acquitter sa dette,
Ordonne une coupe de bois.
Aussitôt les ormes, les frênes,
Et les hêtres touffus, et les antiques chênes,
Tombent l'un sur l'autre à la fois.
Les faunes, les sylvains, désertent les bocages;
Les dryades en pleurs regrettent leurs ombrages ;
Et le dieu Pan dans sa fureur,
Instruit que le jeu seul a causé ces ravages,
S'en prend à la Fortune. O mère du malheur!
Dit-il, infernale furie !
Tu troubles à la fois les mortels et les dieux ;
Tu te plais dans le mal, et ta rage ennemie...
Il parlait lorsque dans ces lieux
Tout à coup paraît la déesse.
Calme, dit-elle à Pan, le chagrin qui te presse ;
Je n'ai point causé tes malheurs :
Même aux jeux de hasard avec certains joueurs
Je ne fais rien. — Qui donc fait tout? — L'adresse.

XV. — LE PHILOSOPHE ET LE CHAT-HUANT.

Persécuté, proscrit, chassé de son asile,
Pour avoir appelé les choses par leur nom,
Un pauvre philosophe errait de ville en ville,
Emportant avec lui tous ses biens : sa raison.
Un jour qu'il méditait sur le fruit de ses veilles,
C'était dans un grand bois, il voit un chat-huant
Entouré de geais, de corneilles,
Qui le harcelaient en criant :
C'est un coquin, c'est un impie,
Un ennemi de la patrie ;
Il faut le plumer vif. Oui, oui, plumons ! plumons !
Ensuite nous le jugerons.
Et tous fondaient sur lui. La malheureuse bête,
Tournant et retournant sa bonne et grosse tête,
Leur disait, mais en vain, d'excellentes raisons.
Touché de son malheur, car la philosophie
Nous rend plus doux et plus humains,
Notre sage fait fuir la cohorte ennemie,
Puis dit au chat-huant : Pourquoi ces assassins
En voulaient-ils à votre vie ?
Que leur avez-vous fait ? L'oiseau lui répondit :
Rien du tout, mon seul crime est d y voir clair la nuit

XVI. — LES DEUX CHAUVES.

Un jour deux chauves dans un coin
Virent briller certain morceau d'ivoire.
Chacun d'eux veut l'avoir; dispute et coups de poings:
Le vainqueur le perdit, comme vous pouvez croire,
Le peu de cheveux gris qui lui restaient encor.
Un peigne était le beau trésor
Qu'il eut pour prix de sa victoire.

XVII. — LE CHAT ET LES RATS.

Un angora, que sa maîtresse
Nourrissait de mets délicats,
Ne faisait plus la guerre aux rats ;
Et les rats, connaissant sa bonté, sa paresse,
Allaient, trottaient partout, et ne se gênaient pas.
Un jour, dans un grenier retiré, solitaire,
Où notre chat dormait après un bon festin,
Plusieurs rats viennent dans le grain
Prendre leur repas ordinaire.
L'angora ne bougeait. Alors mes étourdis
Pensent qu'ils lui font peur; l'orateur de la troupe
Parle des chats avec mépris.
On applaudit fort, on s'attroupe,
On le proclame général.
Grimpé sur un boisseau qui sert de tribunal,
Braves amis, dit-il, courons à la vengeance.
De ce grain désormais nous devons être las :
Jurons de ne manger désormais que des chats;
On les dit excellents, nous en ferons bombance.
A ces mots, partageant son belliqueux transport,
Chaque nouveau guerrier sur l'angora s'élance,
Et réveille le chat qui dort.

Celui-ci, comme on croit, dans sa juste colère,
Couche bientôt sur la poussière
Général, tribuns et soldats.
Il ne s'échappa que deux rats
Qui disaient en fuyant bien vite à leur tanière :
Il ne faut point pousser à bout
L'ennemi le plus débonnaire ;
On perd ce que l'on tient quand on veut gagner tout.

XVIII. — LE MIROIR DE LA VÉRITÉ.

Dans le beau siècle d'or, quand les premiers humains
Au milieu d'une paix profonde
Coulaient des jours purs et sereins,
La Vérité courait le monde
Avec son miroir dans les mains.

Chacun s'y regardait, et le miroir sincère
Retraçait à chacun son plus secret désir
Sans jamais le faire rougir :
Temps heureux qui ne dura guère.
L'homme devint bientôt méchant et criminel.
La Vérité s'enfuit au ciel
En jetant de dépit son miroir sur la terre.
Le pauvre miroir se cassa.
Ses débris, qu'au hasard la chute dispersa,
Furent perdus pour le vulgaire.
Plusieurs siècles après on en connut le prix,
Et c'est depuis ce temps que l'on voit plus d'un sage
Chercher avec soin ces débris,
Les retrouver parfois ; mais ils sont si petits,
Que personne n'en fait usage.
Hélas ! le sage le premier
Ne s'y voit jamais tout entier.

XIX. — LES DEUX PAYSANS ET LE NUAGE.

Guillot, disait un jour Lucas
D'une voix triste et lamentable,
Ne vois-tu pas venir là-bas

Ce gros nuage noir? c'est la marque effroyable
Du plus grand des malheurs. Pourquoi? répond Guillot.
— Pourquoi? regarde donc; ou je ne suis qu'un sot,
　Ou ce nuage est de la grêle
Qui va tout abîmer, vigne, avoine, froment;
　Toute la récolte nouvelle
　Sera détruite en un moment.
Il ne restera rien; le village en ruine
　Dans trois mois aura la famine,
Puis la peste viendra, puis nous périrons tous.
La peste! dit Guillot : doucement, calmez-vous,
　Je ne vois point cela, compère.
Et, s'il faut vous parler selon mon sentiment,
　C'est que je vois tout le contraire;
　Car ce nuage assurément
Ne porte point de grêle, il porte de la pluie.
　La terre est sèche dès longtemps;
　Il va bien arroser nos champs;
Toute notre récolte en doit être embellie;
　Nous aurons le double de foin,
Moitié plus de froment, de raisins abondance;
　Nous serons tous dans l'opulence,
Et rien, hors les tonneaux, ne nous fera besoin.
C'est bien voir que cela! dit Lucas en colère.
— Mais chacun a ses yeux, lui répondit Guillot.
— Oh! puisqu'il est ainsi, je ne dirai plus mot,
　Attendons la fin de l'affaire :
　Rira bien qui rira le dernier. — Dieu merci,
　Ce n'est pas moi qui pleure ici.
Ils s'échauffaient tous deux; déjà, dans leur furie,
Ils allaient se gourmer lorsqu'un souffle de vent
Emporta loin de là le nuage effrayant :
　Ils n'eurent ni grêle ni pluie.

XX. — DON QUICHOTTE.

Contraint de renoncer à la chevalerie,
Don Quichotte voulut, pour se dédommager,
　Mener une plus douce vie,
　Et choisit l'état de berger.
Le voilà donc qui prend panetière et houlette,
Le petit chapeau rond garni d'un ruban vert
　Sous le menton faisant rosette.
　Jugez de la grâce et de l'air
De ce nouveau Tircis! Sur sa rauque musette
Il s'essaye à charmer l'écho de ces cantons,
Achète au boucher deux moutons,
Prend un roquet galeux, et, dans cet équipage,
Par l'hiver le plus froid qu'on eût vu de longtemps,
Dispersant son troupeau sur les rives du Tage,
Au milieu de la neige il chante le printemps.
Point de mal jusque-là; chacun à sa manière
　Est libre d'avoir du plaisir.
Mais il vint à passer une grosse vachère;
Et le pasteur, pressé d'un amoureux désir,
Court et tombe à ses pieds : O belle Timarette,
Dit-il, toi que l'on voit parmi tes jeunes sœurs
　Comme le lis parmi les fleurs,
Cher et cruel objet de ma flamme secrète,
Abandonne un moment les soins de tes agneaux,
　Viens voir un nid de tourtereaux
　Que j'ai découvert sur ce chêne.
Je veux te le donner : hélas! c'est tout mon bien,
Ils sont blancs : leur couleur, Timarette, est la tienne;
Mais par malheur pour moi leur cœur n'est pas le tien.
A ce discours la Timarette,
Dont le vrai nom était Fanchon,
Ouvre une large bouche et d'un œil fixe et bête
Contemple le vieux Céladon,
Quand un valet de ferme, amoureux de la belle,
Paraissant tout à coup, tombe à coups de bâton
　Sur le berger tendre et fidèle,
　Et vous l'étend sur le gazon.
Don Quichotte criait : Arrête,
Pasteur ignorant et brutal;
Ne sais-tu pas nos lois? le cœur de Timarette
Doit devenir le prix d'un combat pastoral;
Chante et ne frappe pas. Vainement il l'implore,
L'autre frappait toujours, et frapperait encore
Si l'on n'était venu secourir le berger
　Et l'arracher à sa furie.

　Ainsi guérir d'une folie
Bien souvent ce n'est qu'en changer.

XXI. — LE VOYAGE.

Partir avant le jour, à tâtons, sans voir goutte,
Sans songer seulement à demander sa route,
Aller de chute en chute, et, se traînant ainsi,
Faire un tiers du chemin jusqu'à près de midi,
Voir sur sa tête alors amasser les nuages,
Dans un sable mouvant précipiter ses pas,
Courir, en essuyant orages sur orages,
Vers un but incertain où l'on n'arrive pas;
Détrompé vers le soir, chercher une retraite,
Arriver haletant, se coucher, s'endormir ;
On appelle cela naître, vivre et mourir :
　La volonté de Dieu soit faite!

XXII. — LE COQ FANFARON.

　Il fait bon battre un glorieux!
Des revers qu'il éprouve il est toujours joyeux;
Toujours sa vanité trouve dans sa défaite
　Un moyen d'être satisfaite.
Un coq sans force et sans talent
　Jouissait, on ne sait comment,
　D'une certaine renommée.
Cela se voit, dit-on, chez la gent emplumée
Et chez d'autres encore. Insolent comme un sot,
Notre coq traita mal un poulet de mérite.
　La jeunesse aisément s'irrite;
Le poulet offensé le provoque aussitôt,
Et le cou tout gonflé sur lui se précipite.
　Dans l'instant le coq orgueilleux
Est battu, déplumé, reçoit mainte blessure;
Et, si l'on n'eût fini ce combat dangereux,
　Sa mort terminait l'aventure.
Quand le poulet fut loin, le coq, en s'épluchant,
Disait : Cet enfant-là m'a montré du courage;
　J'ai beaucoup ménagé son âge,
　Mais de lui je suis fort content.
Un coq, vieux et cassé, témoin de cette histoire,
　La répandit et s'en moqua.
　Notre fanfaron l'attaqua,
Croyant facilement remporter la victoire.
Le brave vétéran, de lui trop mal connu,
En quatre coups de bec lui partage la crête,
Le dépouille en entier des pieds jusqu'à la tête,
　Et le laisse là presque nu.
　Alors notre coq, sans se plaindre,
Dit : C'est un bon vieillard; j'en ai bien peu souffert;
Mais je le trouve encore vert,
Et dans son jeune temps il devait être à craindre.

LIVRE CINQUIÈME.

I. — LE BERGER ET LE ROSSIGNOL.

A M. l'abbé Delille.

O toi dont la touchante et sublime harmonie
Charme toujours l'oreille en attachant le cœur!
　Digne rival, souvent vainqueur
　Du chantre fameux d'Ausonie,
Delille, ne crains rien; sur mes légers pipeaux
Je ne viens point ici célébrer tes travaux,
Ni dans de faibles vers parler de poésie;
　Je sais que l'immortalité
Qui t'est déjà promise au temple de Mémoire
　T'est moins chère que ta gaieté;
Je sais que, méritant tes succès sans y croire,
Content par caractère et non par vanité,
　Tu te fais pardonner la gloire
　A force d'amabilité :
C'est ton secret; aussi je finis ce prologue.
　Mais du moins lis mon apologue,
Et si quelque envieux, quelque esprit de travers,
　Outrageant un jour tes beaux vers,
Te donne assez d'humeur pour t'empêcher d'écrire,

Je te demande alors de vouloir le relire.

Dans une belle nuit du charmant mois de mai,
Un berger contemplait du haut d'une colline
La lune promenant sa lumière argentine
Au milieu d'un ciel pur d'étoiles parsemé,
Le tilleul odorant, le lilas, l'aubépine,
Au gré du doux zéphyr balançant leurs rameaux,
   Et les ruisseaux dans les prairies
     Brisant sur des rives fleuries
     Le cristal de leurs claires eaux.
   Un rossignol, dans le bocage,
Mêlait ses doux accents à ce calme enchanteur ;
L'écho les répétait, et notre heureux pasteur,
Transporté de plaisir, écoutait son ramage.
Mais tout à coup l'oiseau finit ses tendres sons.
   En vain le berger le supplie
   De continuer ses chansons :
Non, dit le rossignol, c'en est fait pour la vie ;
Je ne troublerai plus ces paisibles forêts.
N'entends-tu pas dans ce marais
   Mille grenouilles coassantes
Qui par des cris affreux insultent à mes chants?
Je cède, et reconnais que mes faibles accents
Ne peuvent l'emporter sur leurs voix glapissantes.
Ami, dit le berger, tu vas combler leurs vœux ;
Te taire est le moyen qu'on les écoute mieux :
Je ne les entends plus aussitôt que tu chantes,

      II. — LES DEUX LIONS.

Sur les bords africains, aux lieux inhabités
Où le char du soleil roule en brûlant la terre,
Deux énormes lions, de la soif tourmentés,
Arrivèrent aux pieds d'un désert solitaire.
Un filet d'eau coulait, faible et dernier effort
   De quelque naïade expirante.
   Les deux lions courent d'abord
Au bruit de cette eau murmurante.
Ils pouvaient boire ensemble, et la fraternité,
Le besoin, leur donnaient ce conseil salutaire ;
   Mais l'orgueil disait le contraire,
   Et l'orgueil fut seul écouté.
Chacun veut boire seul : d'un œil plein de colère
   L'un l'autre ils vont se mesurants,
Hérissent de leur cou l'ondoyante crinière :
De leur terrible queue ils se frappent les flancs,
Et s'attaquent avec de tels rugissements
Qu'à ce bruit, dans le fond de leur sombre tanière
Les tigres d'alentour vont se cacher tremblants.
Égaux en vigueur, en courage,
Ce combat fut plus long qu'aucun de ces combats
Qui d'Achille ou d'Hector signalèrent la rage ;
   Car les dieux ne s'en mêlaient pas.
Après une heure ou deux d'efforts et de morsures,
Nos héros fatigués, déchirés, haletants,
   S'arrêtèrent en même temps.
   Couverts de sang et de blessures,
   N'en pouvant plus, morts à demi,
Se traînant sur le sable, à la source ils vont boire ;
Mais pendant le combat la source avait tari,
Ils expirent auprès.

      Vous lisez votre histoire,
Malheureux insensés dont les divisions,
   L'orgueil, les fureurs, la folie,
Consument en douleurs le moment de la vie :
   Hommes, vous êtes ces lions ;
   Vos jours, c'est l'eau qui s'est tarie.

     III. — LE PROCÈS DES DEUX RENARDS.

   Que je hais cet art de pédant,
   Cette logique captieuse,
Qui d'une chose claire en fait une douteuse,
D'un principe erroné tire subtilement
   Une conséquence trompeuse,
   Et raisonne en déraisonnant !
Les Grecs ont inventé cette belle manière :
Ils ont fait plus de mal qu'ils ne croyaient en faire.
Que Dieu leur donne paix ! Il s'agit d'un renard,
Grand argumentateur, célèbre babillard,
   Et qui montrait la rhétorique.
   Il tenait école publique,
Avait des écoliers qui payaient en poulets.
Un d'eux, qu'on destinait à plaider au palais,
Devait payer son maître à la première cause
   Qu'il gagnerait : ainsi la chose
Avait été réglée et d'une et d'autre part.
Son cours étant fini, mon écolier renard
Intente un procès à son maître,
Disant qu'il ne doit rien. Devant le léopard
   Tous les deux s'en vont comparaître.
   Monseigneur, disait l'écolier,
Si je gagne, c'est clair, je ne dois rien payer ;
   Si je perds, nulle n'est sa créance ;
   Car il convient que l'échéance
   N'en ait arriver qu'après
   Le gain de mon premier procès :
Or, ce procès perdu, je suis quitte, je pense ;
   Mon dilemme est certain. Nenni,
   Répondait aussitôt le maître,
Si vous perdez, payez ; la loi l'ordonne ainsi,
   Si vous gagnez, sans plus remettre
   Payez ; car vous avez signé
Promesse de payer au premier plaid gagné :
Vous y voilà. Je crois l'argument sans réponse.
Chacun attend alors que le juge prononce,
   Et l'auditoire s'étonnait
   Qu'il n'y jetât pas son bonnet.
Le léopard rêveur prit enfin la parole ;
Hors de cour, leur dit-il ; défense à l'écolier
   De continuer son métier,
   Au maître de tenir école.

    IV. — LA COLOMBE ET SON NOURRISSON.

   Une colombe gémissait
De ne pouvoir devenir mère ;
Elle avait fait cent fois tout ce qu'il fallait faire
Pour en venir à bout ; rien ne réussissait.
Un jour, se promenant dans un bois solitaire,
   Elle rencontre en un vieux nid
Un œuf abandonné, point trop gros, point petit,
   Semblable aux œufs de tourterelle.
   Ah ! quel bonheur ! s'écria-t-elle.
   Je pourrai donc enfin couver,
   Et puis nourrir, élever
Un enfant qui fera le charme de ma vie !
   Tous les soins qu'il me coûtera,
   Les tourments qu'il me causera,
Seront encor des biens pour mon âme ravie.
   Quel plaisir vaut ces soucis-là?
Cela dit, dans le nid la colombe établie
Se met à couver l'œuf, et le couve si bien
Qu'elle ne le quitte pour rien,
Pas même pour manger ; l'amour nourrit les mères.
Après vingt et un jours elle voit naître enfin
Celui dont elle attend son bonheur, son destin,
   Et ses délices les plus chères.
   De joie elle est prête à mourir ;
Auprès de son petit nuit et jour elle veille ;
L'écoute respirer, le regarde dormir,
   S'épuise pour le mieux nourrir.
L'enfant chéri vient à merveille,
Son corps grossit en peu de temps ;
Mais son bec, ses yeux et ses ailes
   Diffèrent fort des tourterelles :
   La mère les voit ressemblants.
   A peine élever sa jeunesse
Elle met tous ses soins, lui prêche la sagesse
Et surtout l'amitié, lui dit à chaque instant :
   Pour être heureux, mon cher enfant,
Il ne faut que deux points : la paix avec soi-même,
Puis quelques bons amis dignes de nous chérir.
La vertu de la paix nous fait seule jouir,
   Et le secret pour qu'on nous aime
C'est d'aimer les premiers, facile et doux plaisir !
   Ainsi parlait la tourterelle,
   Quand, au milieu de sa leçon,
   Un malheureux petit pinson,
Échappé de son nid, vient s'abattre auprès d'elle.
Le jeune nourrisson à peine l'aperçoit
Qu'il court à lui : sa mère croit
Que c'est pour le traiter comme ami, comme frère,
   Et pour offrir au voyageur
   Une retraite hospitalière.
Elle applaudit déjà ; mais quelle est sa douleur

Lorsqu'elle voit son fils, ce fils dont la jeunesse
N'entendit que leçons de vertu, de sagesse,
Saisir le faible oiseau, le plumer, le manger,

Et garder au milieu de l'horrible carnage
Ce tranquille sang-froid, assuré témoignage
Que le cœur désormais ne peut se corriger !
  Elle en mourut, la pauvre mère.
Quel triste prix des soins donnés à cet enfant !
Mais c'était le fils d'un milan :

Rien ne change le caractère.

V. — L'ÂNE ET LA FLUTE.

Les sots sont un peuple nombreux,
Trouvant toutes choses faciles :
Il faut le leur passer, souvent ils sont heureux ;
Grand motif de se croire habiles.

Un âne, en broutant ses chardons,
Regardait un pasteur jouant, sous le feuillage,
  D'une flûte dont les doux sons
Attiraient et charmaient les bergers du bocage.
Cet âne mécontent disait : Ce monde est fou !
  Les voilà tous, bouche béante,
Admirant un grand sot qui sue et se tourmente
  A souffler dans un petit trou.
C'est par de tels efforts qu'on parvient à leur plaire,
Tandis que moi... Suffit... Allons-nous-en d'ici,
  Car je me sens trop en colère.
  Notre âne en raisonnant ainsi
Avance quelques pas, lorsque sur la fougère
Une flûte, oubliée en ces champêtres lieux
  Par quelque pasteur amoureux,
Se trouve sous ses pieds. Notre âne se redresse,
Sur elle de côté fixe ses deux gros yeux ;
Une oreille en avant, lentement il se baisse,
Applique son naseau sur le pauvre instrument,
Et souffle tant qu'il peut. Oh ! hasard incroyable !
  Il en sort un son agréable.
  L'âne se croit un grand talent,

Et tout joyeux s'écrie en faisant la culbute :
  Eh ! je joue aussi de la flûte.

VI. — LE PAYSAN ET LA RIVIÈRE.

Je veux me corriger, je veux changer de vie,
Me disait un ami : dans des liens honteux
  Mon âme s'est trop avilie ;
J'ai cherché le plaisir, guidé par la folie,
Et mon cœur n'a trouvé que le remords affreux.
C'en est fait, je renonce à l'indigne maîtresse
Que j'adorai toujours sans jamais l'estimer ;
Tu connais pour le jeu ma coupable faiblesse,
  Eh bien ! je vais la réprimer ;
  Je vais me retirer du monde,
Et, calme désormais, libre de tous soucis,
  Dans une retraite profonde
Vivre pour la sagesse et pour mes seuls amis.
  Que de fois vous l'avez promis !
  Toujours en vain, lui répondis-je.
Çà, quand commencez-vous ? — Dans huit jours sûrement.
— Pourquoi pas aujourd'hui ? ce long retard m'afflige.
  — Oh ! je ne puis dans un moment
  Briser une si forte chaîne :
Il me faut un prétexte : il viendra, j'en réponds.
  Causant ainsi, nous arrivons
  Jusque sur les bords de la Seine,
  Et j'aperçois un paysan
  Assis sur une large pierre,
Regardant l'eau couler d'un air impatient.
— L'ami, que fais-tu là ? — Monsieur, pour une affaire
Au village prochain je suis contraint d'aller :
Je ne vois point de pont pour passer la rivière,
Et j'attends que cette eau cesse enfin de couler.

Mon ami, vous voilà, cet homme est votre image ;
Vous perdez en projets les plus beaux de vos jours :
Si vous voulez passer, jetez-vous à la nage ;
  Car cette eau coulera toujours.

VII. — JUPITER ET MINOS.

Mon fils, disait un jour Jupiter à Minos,
  Toi qui juges la race humaine,
Explique-moi pourquoi l'enfer suffit à peine
Aux nombreux criminels que t'envoie Atropos.
Quel est de la vertu le fatal adversaire
Qui corrompt à ce point la faible humanité ?
C'est, je crois, l'intérêt ? — L'intérêt ? non, mon père.
  — Et qu'est-ce donc ? — L'oisiveté.

VIII. — LE PETIT CHIEN.

La vanité nous rend aussi dupes que sots.
  Je me souviens à ce propos
Qu'au temps jadis, après une sanglante guerre
  Où, malgré les plus beaux exploits,
  Maint lion fut couché par terre,
  L'éléphant régna dans les bois.
  Le vainqueur, politique habile,
  Voulant prévenir désormais
Jusqu'au moindre sujet de discorde civile,
De ses vastes États exila pour jamais
  Le race des lions, son ancienne ennemie.
L'édit fut proclamé. Les lions affaiblis,
Se soumettant au sort qui les avait trahis,
  Abandonnent tous leur patrie.
Ils ne se plaignent pas, ils gardent dans leur cœur
  Et leur courage et leur douleur.
Un bon vieux petit chien, de la charmante espèce
De ceux qui vont portant jusqu'au milieu du dos
  Une toison tombante à flots,
  Exhalait ainsi sa tristesse :
Il faut donc vous quitter, ô pénates chéris !
  Un barbare, à l'âge où je suis,
M'oblige à renoncer aux lieux qui m'ont vu naître.
Sans appui, sans secours, dans un pays nouveau
Je vais, les yeux en pleurs, demander un tombeau
  Qu'on me refusera peut-être.
O tyran, tu le veux ! allons, il faut partir.
Un barbet l'entendit ; touché de sa misère :
Quel motif, lui dit-il, peut t'obliger à fuir ?
— Ce qui m'y force ? ô ciel ! Et cet édit sévère
Qui nous chasse à jamais de cet heureux canton ?

—Nous?—Non pas vous, mais moi.—Comment ! toi, mon cher frère ?
Qu'as-tu donc de commun ? —Plaisante question :
Eh ! ne suis-je pas un lion ?

IX. — LE LÉOPARD ET L'ÉCUREUIL.

Un écureuil sautant, gambadant sur un chêne,
Manqua sa branche et vint, par un triste hasard,
   Tomber sur un vieux léopard
   Qui faisait sa méridienne.
Vous jugez s'il eut peur ! En sursaut s'éveillant,
   L'animal irrité se dresse,
   Et l'écureuil, s'agenouillant,
Tremble et se fait petit aux pieds de son altesse.
   Après l'avoir considéré,
Le léopard lui dit : Je te donne la vie,
Mais à condition que de toi je saurai
Pourquoi cette gaieté, ce bonheur que j'envie,
Embellissent tes jours, ne te quittent jamais,
   Tandis que moi, roi des forêts,
   Je suis si triste et je m'ennuie.
   Sire, lui répond l'écureuil,
   Je dois à votre bon accueil
   La vérité ; mais pour la dire
Sur cet arbre un peu haut je voudrais être assis.
— Soit, j'y consens ; monte. — J'y suis.
   A présent je peux vous instruire.
   Mon grand secret pour être heureux
   C'est de vivre dans l'innocence.
L'ignorance du mal fait toute ma science :
Mon cœur est toujours pur, cela rend bien joyeux.
Vous ne connaissez pas la volupté suprême
De dormir sans remords ; vous mangez les chevreuils,
Tandis que je partage à tous les écureuils
Mes feuilles et mes fruits ; vous baissez, et j'aime :
Tout est dans ces deux mots. Soyez bien convaincu
De cette vérité que je tiens de mon père :
Lorsque notre bonheur nous vient de la vertu,
La gaieté vient bientôt de notre caractère.

X. — LE PRÊTRE DE JUPITER.

   Un prêtre de Jupiter,
   Père de deux grandes filles,
   Toutes deux assez gentilles,
De bien les marier fit son soin le plus cher.
Les prêtres de ce temps vivaient de sacrifices
   Et n'avaient point de bénéfices :
La dot était fort mince. Un jeune jardinier
Se présenta pour gendre ; on lui donna l'aînée.
   Bientôt après cet hyménée
La cadette devint la femme d'un potier.
A quelques jours de là, chaque épouse établie
Chez son époux, le père va les voir.
Bonjour, dit-il, je viens savoir
Si le choix que j'ai fait rend heureuse ta vie,
S'il ne te manque rien, si je peux y pourvoir.
   Jamais, répond la jardinière,
   Vous ne fîtes meilleure affaire :
La paix et le bonheur habitent ma maison ;
Je peux d'être bonne, et mon époux est bon ;
   Il sait m'aimer sans jalousie,
   Je l'aime sans coquetterie :
Ainsi tout est plaisir, tout jusqu'à nos travaux ;
Nous ne désirons rien, sinon qu'un peu de pluie
   Fasse pousser nos artichauts.
— C'est là tout ? — Oui, vraiment. — Tu seras satisfaite,
Dit le vieillard : demain je célèbre la fête
De Jupiter, je lui dirai deux mots.
Adieu, ma fille. — Adieu, mon père.
Le prêtre de ce pas s'en va chez la potier
   L'interroger, comme sa sœur,
   Sur son mari, sur son bonheur.
Oh ! répond celle-ci, dans mon petit ménage,
   Le travail, l'amour, la santé,
   Tout va fort bien en vérité ;
Nous ne pouvons suffire à la vente, à l'ouvrage :
Notre unique désir serait que le soleil
Nous montrât plus souvent son visage vermeil
   Pour sécher notre poterie.
Vous, pontife du dieu de l'air,
Obtenez-nous cela, mon père, je vous prie :
   Parlez pour nous à Jupiter.
— Très-volontiers, ma chère amie ;

Mais je ne sais comment accorder mes enfants :
   Tu me demandes du beau temps,
   Et ta sœur a besoin de pluie.
Ma foi, je me tairai, de peur d'être en défaut.
Jupiter mieux que nous sait bien ce qu'il nous faut.
Prétendre le guider serait folie extrême.
Sachons prendre le temps comme il veut l'envoyer.
L'homme est plus cher aux dieux qu'il ne l'est à lui-même ;
   Se soumettre, c'est le prier.

XI. — LE CROCODILE ET L'ESTURGEON.

Sur la rive du Nil un jour deux beaux enfants
   S'amusaient à faire sur l'onde,
Avec des cailloux plats, ronds, légers et tranchants,
   Les plus beaux ricochets du monde.
Un crocodile affreux arrive entre deux eaux,
S'élance tout à coup, happe l'un des marmots,
Qui crie et disparaît dans sa gueule profonde.
L'autre fuit en pleurant son pauvre compagnon.
   Un honnête et digne esturgeon,
   Témoin de cette tragédie,
S'éloigne avec horreur, se cache au fond des flots ;
Mais bientôt il entend le coupable amphibie
   Gémir et pousser des sanglots :
Le monstre a des remords, dit-il, ô Providence !
   Tu venges souvent l'innocence,
   Pourquoi ne la sauves-tu pas ?
Ce scélérat du moins pleure ses attentats ;
   L'instant est propice, je pense,
   Pour lui prêcher la pénitence :
Je m'en vais lui parler. Plein de compassion,
   Notre saint homme d'esturgeon
   Vers le crocodile s'avance :
Pleurez, lui cria-t-il, pleurez votre forfait ;
   Livrez votre âme impitoyable
Au remords, qui des dieux est le dernier bienfait ;
Le seul médiateur entre eux et le coupable.
   Malheureux, manger un enfant !
Mon cœur en a frémi ; j'entends gémir le vôtre..
Oui, répond l'assassin, je pleure en ce moment
   De regret d'avoir manqué l'autre.

   Tel est le remords du méchant.

XII. — LA CHENILLE.

Un jour, causant entre eux, différents animaux
   Louaient beaucoup le ver à soie :
Quel talent, disaient-ils, cet insecte déploie
En composant ces fils si doux, si fins, si beaux,
   Qui de l'homme font la richesse !
Tous vantaient son travail, exaltaient son adresse ;
Une chenille seule y trouvait des défauts,
Aux animaux surpris en faisait la critique,
   Disait des mais et puis des si.
Un renard s'écria : Messieurs, cela s'explique :
   C'est que madame file aussi.

XIII. — LA TOURTERELLE ET LA FAUVETTE.

   Une fauvette, jeune et belle,
S'amusait à chanter tant que durait le jour ;
   Sa voisine la tourterelle
Ne voulait, ne savait rien faire que l'amour.
Je plains bien votre erreur, dit-elle à la fauvette ;
   Vous perdez vos plus beaux moments :
Il n'est qu'un seul plaisir, c'est d'avoir des amants.
Dites-moi, s'il vous plaît, quelle est la chansonnette
   Qui peut valoir un doux baiser ?
   Je me garderais bien d'oser
Les comparer, répondit la chanteuse ;
   Mais je ne suis point malheureuse,
   J'ai mis mon bonheur dans mes chants.
   A ce discours la tourterelle
   En se moquant s'éloigna d'elle.
Sans se revoir elles furent dix ans.
Après ce long espace, un beau jour de printemps,
Dans la même forêt elles se rencontrèrent.
L'âge avait un peu dérangé leurs attraits ;
   Longtemps elles se regardèrent
Avant que de pouvoir se remettre leurs traits.
   Enfin la fauvette polie
S'avance la première. Eh ! bonjour, mon amie,

Comment vous portez-vous? comment vont les amants?
— Ah! ne m'en parlez pas, ma chère :
J'ai tout perdu, plaisirs, amis, beaux ans;
Tout a passé comme une ombre légère.
J'ai cru que le bonheur était d'aimer, de plaire...
O souvenir cruel! ô regrets superflus!
J'aime encore, on ne m'aime plus.
J'ai moins perdu que vous, répondit la chanteuse :
Cependant je suis vieille et je n'ai plus de voix;
Mais j'aime la musique et je suis encore heureuse
Lorsque le rossignol fait retentir ces bois.
   La beauté, ce présent céleste,
Ne peut, sans les talents, échapper à l'ennui :
   La beauté passe, un talent reste ;
   On en jouit même en autrui.

XIV. — LE CHARLATAN.

Sur le Pont-Neuf, entouré de badauds,
Un charlatan criait à pleine tête :
Venez, messieurs, accourez faire emplette
Du grand remède à tous les maux ;
   C'est une poudre admirable
   Qui donne de l'esprit aux sots,
De l'honneur aux fripons, l'innocence aux coupables,
   Aux vieilles femmes des amants,
Au vieillard amoureux une jeune maîtresse,
   Aux fous le prix de la sagesse,
   Et la science aux ignorants.
Avec ma poudre il n'est rien dans la vie
   Dont bientôt on ne vienne à bout ;
Par elle on obtient tout, on sait tout, on fait tout ;
   C'est la grande encyclopédie.
Vite je m'approchai pour voir ce beau trésor...
   C'était un peu de poudre d'or.

XV. — LA SAUTERELLE.

C'en est fait, je quitte le monde ;
Je veux fuir pour jamais le spectacle odieux
Des crimes, des horreurs dont sont blessés mes yeux.
   Dans une retraite profonde,
   Loin des vices, loin des abus,
Je passerai mes jours doucement à maudire
   Les méchants de moi trop connus.
Seule ici-bas j'ai des vertus :
Aussi pour ennemi j'ai tout ce qui respire,
Tout l'univers m'en veut : homme, enfants, animaux,
   Jusqu'au plus petit des oiseaux,
   Tous sont occupés de me nuire.
Eh! qu'ai-je fait pourtant?... Que du bien. Les ingrats !
Ils me regretteront, mais après mon trépas.
Ainsi se lamentait certaine sauterelle,
   Hypocondre et n'estimant qu'elle.
   Où prenez-vous cela, ma sœur ?
   Lui dit une de ses compagnes :
Quoi! vous ne pouvez pas vivre dans ces campagnes
En broutant de ces prés la douce et tendre fleur,
Sans vous embarrasser des affaires du monde?
   Je sais qu'en travers il abonde ;
Il fut ainsi toujours, et toujours il sera ;
Ce que vous en direz grand'chose n'y fera.
D'ailleurs, où vit-on mieux? Quant à votre colère
Contre ces gens qui n'en veulent qu'à vous,
   Je pense, ma sœur, entre nous,
   Que c'est peut-être une chimère,
Et que l'orgueil souvent donne ces visions.
Dédaignant de répondre à ces sottes raisons,
La sauterelle part, et sort de la prairie,
   Sa patrie.
Elle sauta deux jours pour faire deux cents pas.
Alors elle se croit au bout de l'hémisphère,
Chez un peuple inconnu, dans de nouveaux États ;
   Elle admire ces beaux climats,
Salue avec respect cette rive étrangère.
Près de là des épis nombreux
Sur de longs chalumeaux, à six pieds de la terre,
Ondoyants et pressés se balançaient entre eux.
Ah! que voilà bien mon affaire!
Dit-elle avec transport : dans ces sombres taillis
Je trouverai sans doute un désert solitaire ;
C'est un asile sûr contre mes ennemis.
La voilà dans le blé. Mais dès l'aube suivante
   Voici venir les moissonneurs.

Leur troupe nombreuse et bruyante
S'étend en demi-cercle, et parmi les clameurs,
   Les ris, les chants des jeunes filles,
Les épis entassés tombent sous les faucilles ;
La terre se découvre, et les blés abattus
   Laissent voir les sillons tout nus.
Pour le coup, s'écriait la triste sauterelle,
Voilà qui prouve bien la haine universelle
Qui partout me poursuit : à peine en ce pays
A-t-on su que j'étais, qu'un peuple d'ennemis
   S'en vient pour chercher sa victime.
   Dans la fureur qui les anime,
Employant contre moi les plus affreux moyens,
De peur que j'en échappe ils ravagent leurs biens :
Ils y mettraient le feu s'il était nécessaire.
Eh! messieurs, me voilà, dit-elle en se montrant ;
   Finissez un travail si grand ;
   Je me livre à votre colère.
   Un moissonneur dans ce moment
Par hasard la distingue : il se baisse, la prend,
Et dit en la jetant dans une herbe fleurie :
   Va manger, ma petite amie.

XVI. — LA GUÊPE ET L'ABEILLE.

Dans le calice d'une fleur
La guêpe un jour voyant l'abeille
S'approche en l'appelant sa sœur.
Ce nom sonne mal à l'oreille
De l'insecte plein de fierté,
Qui lui répond : Nous, sœurs ! ma mie,
Depuis quand cette parenté?
Mais c'est depuis toute la vie,
Lui dit la guêpe avec courroux.
Considérez-moi, je vous prie ;
J'ai des ailes tout comme vous,
Même taille, même corsage ;
Et, s'il vous en faut davantage,
Nos dards sont aussi ressemblants.
Il est vrai, répliqua l'abeille ;
Nous avons une arme pareille,
Mais pour des emplois différents.
La vôtre sert votre insolence,
La mienne repousse l'offense :
Vous provoquez, je me défends.

XVII. — LE HÉRISSON ET LES LAPINS.

Il est certains esprits d'un naturel hargneux
   Qui toujours ont besoin de guerre ;
Ils aiment à piquer, se plaisent à déplaire,
Et montrent pour cela des talents merveilleux.
   Quant à moi, je les fuis sans cesse,
Eussent-ils tous les dons et tous les attributs ;
J'y veux de l'indulgence ou de la politesse :
   C'est la parure des vertus.

   Un hérisson, qu'une tracasserie
   Avait forcé de quitter sa patrie,
   Dans un grand terrier de lapins
   Vint porter sa misanthropie.
Il leur conta ses longs chagrins,
Contre ses ennemis exhala bien sa bile,
Et finit par prier les hôtes souterrains
   De vouloir lui donner asile.
   Volontiers, lui dit le doyen :
Nous sommes bonnes gens, nous vivons comme frères,
Et nous ne connaissons ni le tien ni le mien ;
Tout est commun ici : nos plus grandes affaires
   Sont d'aller dès l'aube du jour
Brouter le serpolet, jouer sur l'herbe tendre :
Chacun, pendant ce temps, sentinelle à son tour,
Veille sur le chasseur qui voudrait nous surprendre :
S'il l'aperçoit il frappe, et nous voilà blottis.
   Avec nos femmes, nos petits,
   Dans la gaieté, dans la concorde,
Nous passons les instants que le ciel nous accorde.
   Souvent ils sont prompts à finir ;
Les panneaux, les furets, abrègent notre vie ;
Raison de plus pour en jouir.
Du moins par l'amitié, l'amour et le plaisir,
Autant qu'elle a duré nous l'avons embellie :
   Telle est notre philosophie.
Si cela vous convient, demeurez avec nous,

Et soyez de la colonie ;
Sinon, faites l'honneur à notre compagnie
D'accepter à dîner, puis retournez chez vous.
A ce discours plein de sagesse
Le hérisson repart qu'il sera trop heureux
De passer ses jours avec eux.
Alors chaque lapin s'empresse
D'imiter l'honnête doyen
Et de lui faire politesse.
Jusques au soir tout alla bien:
Mais lorsqu'après souper la troupe réunie
Se mit à deviser des affaires du temps,
Le hérisson de ses piquants
Blesse un jeune lapin. Doucement, je vous prie,
Lui dit le père de l'enfant.
Le hérisson, se retournant,
En pique deux, puis trois, et puis un quatrième.
On murmure, on se fâche, on l'entoure en grondant :
Messieurs, s'écria-t-il, mon regret est extrême ;
Il faut me le passer, je suis ainsi bâti,
Et je ne puis pas me refondre.
Ma foi, dit le doyen, en ce cas, mon ami,
Tu peux aller te faire tondre.

XVIII. — LE MILAN ET LE PIGEON.

Un milan plumait un pigeon,
Et lui disait : Méchante bête,
Je te connais, je sais l'aversion
Qu'ont pour moi tes pareils; te voilà ma conquête
Il est des dieux vengeurs. Hélas ! je le voudrais,
Répondit le pigeon. O comble des forfaits !
S'écria le milan ; quoi ! ton audace impie
Ose douter qu'il soit des dieux ?
J'allais te pardonner ; mais pour ce doute affreux,
Scélérat, je te sacrifie.

XIX. — LE CHIEN COUPABLE.

Mon frère, sais-tu la nouvelle ?
Mouflar, le bon Mouflar, de nos chiens le modèle,
Si redouté des loups, si soumis au berger,
Mouflar vient, dit-on, de manger
Le petit agneau noir, puis la brebis sa mère,
Et puis sur le berger s'est jeté furieux.
— Serait-il vrai ? — Très-vrai, mon frère.
— A qui donc se fier ? grands dieux !
C'est ainsi que parlaient deux moutons dans la plaine,
Et la nouvelle était certaine.
Mouflar, sur le fait même pris,
N'attendait plus que le supplice ;
Et le fermier voulait qu'une prompte justice
Effrayât les chiens du pays.
La procédure en un jour est finie.
Mille témoins pour un déposent l'attentat:
Récolés, confrontés, aucun d'eux ne varie:
Mouflar est convaincu du triple assassinat :
Mouflar recevra donc deux balles dans la tête
Sur le lieu même du délit.
A son supplice qui s'apprête
Toute la ferme se rendit.
Les agneaux de Mouflar demandèrent la grâce;
Elle fut refusée. On leur fit prendre place.
Les chiens se rangèrent près d'eux,
Tristes, humiliés, mornes, l'oreille basse,
Plaignant, sans l'excuser, leur frère malheureux.
Tout le monde attendait dans un profond silence.
Mouflar paraît bientôt conduit par deux pasteurs;
Il arrive, et, levant au ciel ses yeux en pleurs,
Il harangue ainsi l'assistance :
O vous qu'en ce moment je n'ose et je ne puis
Nommer, comme autrefois, mes frères, mes amis,
Témoins de mon heure dernière,
Voyez où peut conduire un coupable désir !
De la vertu quinze ans j'ai suivi la carrière ;
Un faux pas m'en a fait sortir.
Apprenez mes forfaits. Au lever de l'aurore,
Seul auprès du grand bois, je gardais le troupeau ;
Un loup vient, emporte un agneau,
Et tout en fuyant le dévore.
Je cours, j'atteins le loup, qui, laissant son festin,
Vient m'attaquer : je le terrasse,
Et je l'étrangle sur la place.
C'était bien jusque-là : mais, pressé par la faim,
De l'agneau dévoré je regarde le reste :
J'hésite, je balance... A la fin cependant
J'y porte une coupable dent :
Voilà de mes malheurs l'origine funeste.
La brebis vient dans cet instant ;
Elle jette des cris de mère...
La tête m'a tourné : j'ai craint que la brebis
Ne m'accusât d'avoir assassiné son fils,
Et, pour la forcer à se taire,
Je l'égorge dans ma colère.
Le berger accourait, armé de son bâton.
N'espérant plus aucun pardon,
Je me jette sur lui ; mais bientôt on m'enchaîne,
Et me voici prêt à subir
De mes crimes la juste peine.
Apprenez tous du moins en me voyant mourir
Que la plus légère injustice
Aux forfaits les plus grands peut conduire d'abord,
Et que, dans le chemin du vice,
On est au fond du précipice
Dès qu'on met un pied sur le bord.

XX. — L'AUTEUR ET LES SOURIS.

Un auteur se plaignait que ses meilleurs écrits
Étaient rongés par les souris ;
Il avait beau changer d'armoire,
Avoir tous les pièges à rats,
Et de bons chats ;
Rien n'y faisait : prose, vers, drame, histoire,
Tout était entamé ; les maudites souris
Ne respectaient pas plus un héros et sa gloire,
Ou le récit d'une victoire,
Qu'un petit bouquet à Chloris.
Notre homme au désespoir, et l'on peut bien m'en croire,
Pour y mettre un auteur peu de chose suffit,
Jette un peu d'arsenic au fond de l'écritoire,
Puis dans sa colère il écrit.
Comme il le prévoyait, les souris grignotèrent,
Et crevèrent.
C'est bien fait, direz-vous, cet auteur eut raison.
Je suis loin de le croire : il n'est point de volume
Qu'on n'ait mordu, mauvais ou bon ;
Et l'on déshonore sa plume
En la trempant dans du poison.

XXI. — L'AIGLE ET LE HIBOU.

A Ducis.

L'oiseau qui porte le tonnerre,
Disgracié, banni du céleste séjour
Par une cabale de cour,
S'en vint habiter sur la terre :
Il errait dans les bois, songeant à son malheur,
Triste, dégoûté de la vie,
Malade de la maladie
Que laisse après soi la grandeur.
Un vieux hibou, du creux d'un hêtre,
L'entend gémir, se met à sa fenêtre,
Et lui prouve bientôt que la félicité
Consiste dans trois points : travail, paix et santé.
L'aigle est touché de ce langage :
Mon frère, répond-il (les aigles sont polis
Lorsqu'ils sont malheureux), que je vous trouve sage !
Combien votre raison, vos excellents avis,
M'inspirent le désir de vous voir davantage,
De vous imiter, si je puis !
Minerve, en vous plaçant sur sa tête divine,
Connaissait bien tout votre prix ;
C'est avec elle, j'imagine,
Que vous en avez tant appris.
Non, répond le hibou, j'ai bien peu de science ;
Mais je sais me suffire, et j'aime le silence,
L'obscurité surtout. Quand je vois des oiseaux
Se disputer entre eux la force, le courage,
Ou la beauté du chant, ou celle du plumage,
Je ne me mêle point parmi tant de rivaux,
Et me tiens dans mon ermitage.
Si malheureusement, le matin, dans le bois,
Quelque étourneau bavard, quelque méchante pie
M'aperçoit, aussitôt leurs glapissantes voix
Appellent de partout une troupe étourdie,
Qui me poursuit et m'injurie :

Je souffre ; je me tais, et dans ce chamaillis,
  Seul, de sang-froid et sans colère,
M'esquivant doucement de taillis en taillis,
Je regagne à la fin ma retraite si chère.
Là, solitaire et libre, oubliant tous mes maux,
Je laisse les soucis, les craintes à la porte ;
Voilà tout mon savoir : je m'abstiens, je supporte ;
  La sagesse est dans ces deux mots.
Tu me l'as dit cent fois, cher Ducis, tes ouvrages,
  Tes beaux vers, tes nombreux succès,
Ne sont rien à tes yeux auprès de cette paix
  Que l'innocence donne aux sages.
Quand, de l'Eschyle anglais heureux imitateur,
  Je te vois d'une main hardie
  Porter sur la scène agrandie
Les crimes de Macbeth, de Lear le malheur,
La gloire est un besoin pour ton âme attendrie,
Mais elle est un fardeau pour ton sensible cœur.
Seul, au fond d'un désert, au bord d'une onde pure,
Tu ne veux que ta lyre, un saule et la nature :
  Le vrai désir d'être oublié
  T'occupe et te charme sans cesse ;
  Ah ! souffre au moins que l'amitié
Trompe en ce seul point ta sagesse.

XXII. — LE POISSON VOLANT.

Certain poisson volant, mécontent de son sort,
  Disait à sa vieille grand'mère :
  Je ne sais comment je dois faire
  Pour me préserver de la mort.
De nos aigles marins je redoute la serre
  Quand je m'élève dans les airs ;
  Et les requins me font la guerre
  Quand je me plonge au fond des mers.
La vieille lui répond : Mon enfant, dans ce monde,
  Lorsqu'on n'est pas aigle ou requin,
Il faut tout doucement suivre un petit chemin,
En nageant près de l'air et volant près de l'onde.

ÉPILOGUE.

C'est assez, suspendons ma lyre,
Terminons ici mes travaux :
Sur nos vices, sur nos défauts,
J'aurais encor beaucoup à dire,
Mais un autre le dira mieux.
Malgré ses efforts plus heureux,
L'orgueil, l'intérêt, la folie,
Troubleront toujours l'univers ;
Vainement la philosophie
Reproche à l'homme ses travers :
Elle y perd sa prose et ses vers.
Laissons, laissons aller le monde
Comme il lui plaît, comme il l'entend ;
Vivons caché, libre et content,
Dans une retraite profonde.
Là, que faut-il pour le bonheur ?
La paix, la douce paix du cœur,
Le désir vrai qu'on nous oublie,
Le travail qui sait éloigner
Tous les fléaux de notre vie ;
Assez de bien pour en donner,
Et pas assez pour faire envie.

FIN DES FABLES DE FLORIAN.

www.ingramcontent.com/pod-product-compliance
Lightning Source LLC
Chambersburg PA
CBHW060528050426
42451CB00011B/1708